T0245067

EL ZEN ENTRE CRISTIANOS

HUGO M. ENOMIYA-LASSALLE

EL ZEN ENTRE CRISTIANOS

Meditación oriental y espiritualidad cristiana

Traducción de
SEVERINO TALAVERO TOVAR

Introducción y edición de
JAVIER MELLONI

herder

Título original: Zen unter Christen
Traducción: Severino Talavero Tovar
Diseño de la cubierta: Dani Sanchis

© *1973, Verlag Styria, Graz*
© *2022, Herder Editorial, S. L., Barcelona*

ISBN: 978-84-254-4934-5

Imprenta: Liberdúplex
Depósito legal: B-23.334-2022
Printed in Spain – Impreso en España

herder

ÍNDICE

Introducción

Javier Melloni

La presente obra se reedita cincuenta años después de su primera aparición en lengua alemana (1973). Desde entonces han pasado muchas cosas en el mundo y también en el campo de la meditación, tanto cristiana como no cristiana. Sin embargo, el contenido de estas páginas sigue siendo de plena actualidad. Si bien los dos primeros capítulos están más circunscritos al contexto y momento en que fueron escritos y ofrecen un balance de las repercusiones de la práctica del zen entre cristianos y occidentales, la cual apenas había sido introducida hacía una década, los siguientes capítulos avanzan hacia una perspectiva más amplia y plenamente contemporánea: van más allá del zen y de los meditantes cristianos para asomarse al cambio de conciencia colectivo y planetario que el autor ya presintió entonces.

Cuando estas páginas fueron publicadas, Enomiya-Lassalle era un venerable jesuita de 75 años que se había sentado por primera vez en meditación zen hacía ya treinta años en un monasterio budista de Japón; su vida todavía iba a durar diecisiete años más. Es decir, nos encontramos ante una obra precedida de un largo recorrido, pero que no es propia del final del camino, porque las vivencias del autor todavía se habrían de profundizar más.

1. Vida e itinerario espiritual de Hugo Makibi Enomiya-Lassalle

Hugo Lassalle nació en 1898 en el seno de una familia alemana granjera católica, descendiente de hugonotes huidos de Francia en el siglo XVII por su fe calvinista. De ahí el nombre francés. La otra parte intercalada de su nombre (Makibi Enomiya) la adoptó en 1948, casi veinte años después de haber llegado a Japón. Makibi fue un erudito japonés del siglo VIII y Enomiya es un santuario sintoísta en Hiroshima. En su nombre tenemos, pues, la expresión y la concentración de su doble pertenencia. Lassalle había entrado en la Compañía de Jesús en 1919, un año después de terminar la Primera Guerra Mundial. Fue formado intelectualmente en la más estricta neoescolástica. Llegó a Japón diez años después, en el momento de la construcción de la Universidad de Sophia en Tokio (1929). Desde el comienzo quiso promocionar un cristianismo japonés, no occidental. Fue precursor, junto con el P. Arrupe, del diálogo con el budismo. En 1935 fue nombrado superior de los jesuitas en Japón, cargo que ejerció hasta 1949. A través de su trato con profesores de la Universidad de Hiroshima entró en contacto con el zen y en 1943 participó en el primer *sesshin* (retiro) en un monasterio budista. Poco después vivió el infierno de la bomba atómica sobre la ciudad de Hiroshima. En 1949 participó en la fundación de la Asociación *Shukyoshisokoyokai*, para el Fomento del Espíritu religioso, junto con los monjes zen de la escuela Soto, con la intención de ayudar a reconstruir espiritualmente el país. A partir de esa fecha se consagró plenamente a la práctica del zen y a su difusión en ambientes cristianos, tanto de Japón como de Alemania y del resto del mundo. También vino a España en diversas ocasiones entre los años 1976 y 1985.

Su experiencia y su doctrina están expuestas en las diversas obras que escribió a lo largo de su vida, así como en su diario personal, del que tenemos el privilegio de disponer, aunque todavía no ha sido publicado. La primera obra que escribió sobre el zen en 1960, *Zen-Weg zur Erleuchtung*,[1] fue censurada hasta el Concilio Vaticano II. En ella describía su propia experiencia en la práctica del zen, centrándose particularmente en la meta de la iluminación y mostrando que no se trataba de algo ajeno a la ascética y la mística cristianas. En *Zen-Buddhismus* (1966) ofreció una exposición detallada del zen a base de otras experiencias y conversaciones; desarrolló su trasfondo filosófico y su formación histórica en el contexto budista y, después de hacer una comparación con otros métodos del budismo, la parte más importante consiste en una confrontación con la mística cristiana. En 1970 publicó *Zen-Meditation für Christen*,[2] donde recogió las charlas que había dado en sus retiros en Alemania. Poco después apareció *La meditación, camino para la experiencia de Dios* (1972), donde abordó la profundidad mística de la meditación oriental y de

1. Fue traducida al español quince años más tarde con el título *Zen, un camino hacia la propia identidad*, Bilbao, Mensajero, 1975.
2. Apareció en español bajo el título *Zen*, Bilbao, Mensajero, 1972.

la contemplación cristiana sin objeto, mostrando sus confluencias, ya que ambas trascienden la objetivación de Dios o de la trascendencia. Un año después apareció la obra que presentamos aquí, la cual, como hemos dicho, no solo consiste en un balance de lo recorrido hasta ese momento sobre los efectos de la meditación zen entre cristianos, sino que ofrece atisbos de una nueva manera de comprender la fe y la religión a partir de la emergencia de una nueva conciencia, tema que volvería a abordar años más tarde en *¿A dónde va el ser humano?* (1981)[3] y *Vivir en la nueva conciencia* (1986).[4] Poco después publicó una comparativa entre *Zazen y los Ejercicios de San Ignacio* (1975)[5] y, al final de su vida, apareció lo que podemos considerar la síntesis de su pensamiento, *Zen y mística cristiana* (1986).[6]

Además de todas estas obras en las que podemos percibir la evolución de su pensamiento, disponemos de las páginas de su diario para seguir los pasos de su experiencia interior. El P. Lassalle fue anotando fielmente sus incursiones en la meditación a lo largo de más de cuatro décadas. A través de esas páginas podemos seguir el desarrollo de su aventura espiritual. En ellas,

3. Publicado en español en 1982 por Sal Terrae y por Zendo-Betania posteriormente.

4. Publicado por Ediciones Paulinas (Madrid, 1987).

5. Apareció en español diez años más tarde (Ediciones Paulinas, 1985).

6. Publicada por Ediciones Paulinas ese mismo año (1986), con una traducción literal del título original: *Zen und christliche Mystik*, a cargo de Ana María Schlüter, una de sus discípulas y ella misma maestra zen.

el vacío (*shunyata* o *mu*, el término chino-japonés) aparece continuamente en relación con la *kénosis* de Cristo. Fue experimentando cómo el vacío de la meditación iba dejando progresivamente en él un estado de silenciamiento muy hondo, más hondo que el que antes conocía:

> De repente me pareció que tenía que ser una alegría total estar libre de todos los deseos desordenados que todavía tengo… ¿No será esto precisamente el *satori* (la iluminación) que ha de dar tal libertad y alegría infinita? (*Diario*, 23 de diciembre de 1952)

> Me parece que hay demasiado ruido que ahoga y asfixia lo esencial. Es de capital importancia que acalle estos ruidos que proceden de mis fantasías, ruidosas todavía, y de mis deseos y miedos desordenados. Ahora mismo, que me he esforzado por cortar enérgicamente o limpiar estos pensamientos, percibo un cierto vacío, es decir, hay sitio para Él, si no estoy ocupado en alguna cosa concreta. (*Diario*, 9 enero de 1953)

El P. Lasalle tenía la convicción de que la práctica del zen estaba más allá de cualquier marco confesional y que servía para adentrarse en una oración más profunda y más radical que comportaba la pérdida del yo. Sobre esta cuestión sigue habiendo divergencias no solo dentro de la Iglesia, sino también entre los maestros zen budistas. La posición conservadora es semejante en ambas tradiciones: consideran que la meditación o la oración son indisociables de la matriz religiosa en la que se practican. *Lex orandi, lex credendi*, «el modo como se ora es el modo como se cree», y viceversa, se podría decir. Sin embargo, Lassalle dio con un linaje abierto respecto al cristianismo y a Occidente. Había sido fundado por Harada Daiun Sogaku (1871-1961) de la rama Soto, el cual recuperó la práctica regular de la entrevista personal *(dokusan)* y el uso de los *koan*. Ambos elementos no son lejanos a la práctica de los Ejercicios Espirituales ignacianos, en los que también se da la práctica del encuentro personal y se proponen unos puntos de meditación para ir avanzando en el proceso. Enomiya tuvo por maestro al propio fundador, y cuando este murió fue discípulo de Yamada Kôun (1907-1989), que no era monje sino un laico casado, el cual completó su formación. Estos maestros consideraban que el zen no está relacionado con ninguna religión, sino con el modo y la profundidad de vivir cualquier religión. Gracias al vínculo que se creó entre estos hombres, cada uno de ellos abierto desde su propia tradición y deseoso de trabajar por el progreso espiritual de la especie humana, muchos occidentales, en su mayoría cristianos, se formaron en el *San'un Zendo*[7] con Yamada Kôun Roshi.

No sin grandes reticencias por todos los flancos, el P. Lassalle fundó en 1961 el primer centro cristiano de meditación zen en Kabe, cerca de Hiroshima. En 1970, el centro se trasladó cerca de Tokio, se amplió considerablemente y prosigue vivo actualmente. Lo llamó

7.   «Zendo de las tres nubes».

Shinmeiketsu, «Cueva de la oscuridad divina». Escribió en su diario:

> Dios *absconditus*, no se le puede ver. Pero para verle de alguna manera, hay que entrar en la oscuridad, en la noche del sentido y del espíritu, o callar como en una cueva oscura. En la oscuridad y el silencio, encontrar a Dios. En una cueva tuvo su gran iluminación san Benito y mil años después san Ignacio. (12 de diciembre de 1961)

Enomiya-Lassalle quería que este lugar se convirtiera en un centro contemplativo, más contemplativo que los monasterios benedictinos. Los actuales banquitos de meditación, tan extendidos por todas partes, se hicieron por primera vez en este centro para facilitar la postura a los occidentales. Sin embargo, se encontró con serias oposiciones. Desde el lado cristiano, muchos objetaban que el zen era contrario a la fe porque propugna una meditación sin objeto, mientras que el cristianismo está basado en la relación personal con Cristo. Hubo de pasar por la prueba de quedarse solo, sin el apoyo ni el reconocimiento de sus propios compañeros de la orden. Por el lado de los monasterios zen también tenía oponentes, ya que no veían nada bien este matrimonio entre zen y cristianismo. Es el precio de la soledad, la incomprensión y la intemperie de quien sale en pos de lo Único, de lo Esencial, pruebas ante las cuales no retrocedió. En 1966 tuvo que pedir una exclaustración temporal debido a las resistencias que provocaba su práctica zen dentro de la orden. El apoyo incondicional de Pedro

Arrupe, que acababa de ser elegido prepósito General en Roma, lo protegió.

En su propia práctica, buscaba con tenacidad la iluminación. Conviene saber la importante distinción que se hace en el camino zen entre la iluminación fugaz *(kensho)* y la permanente *(satori)*. Para ello había de aniquilar por completo su ego, a pesar de que eso le sonaba a un monismo incompatible con el cristianismo, basado en la relación de un yo con el Tú de Dios. En 1965 escribía en su diario:

> Esta pobreza espiritual va hasta el final, hasta el extremo. En verdad, incluso entre los religiosos, apenas nadie va hasta la purificación del fondo. Todos son niños inmaduros —incluido yo mismo— en cuanto a la vida espiritual. (9 de febrero de 1965)

Solo hallaba respuestas en san Juan de la Cruz y en el místico flamenco Jan van Ruusbroec. Pensó incluso en fundar un instituto para cristianos que tuviera como punto central la práctica del zen y también la pobreza material. Cuando estaba a punto de fundarlo, en 1967, después de doce años de dedicarse intensamente al zen, entró en crisis y se planteó si realmente el zen era compatible con el cristianismo. Lo único que le interesaba era la unión con Dios y temía que el *satori* no le condujera ahí por el don de la gracia, sino por la imposición que emana del esfuerzo, y que llevara a un Absoluto impersonal. Este tema le ocupó hasta el final de su vida: la experiencia mística, ¿es gracia o es fruto de un esfuerzo personal? Llegó a la conclusión de que, si bien experimentar la «unidad de todo» es posible sin la gracia, la experiencia explícita de un Dios personal no es posible sin ella, porque Dios no puede ser obligado a manifestarse como persona (*Diario*, 8 de noviembre de 1970).

Para Enomiya-Lassalle, la experiencia de una Presencia sin contenido no era lo definitivo. En un largo viaje que hizo en 1967 por Europa y Asia tuvo la ocasión de conversar con Henri Le Saux en el *ashram* de Shantivanam. El P. Lassalle quedó confirmado por la llamada a adentrarse en la experiencia *advaita*. En 1968 escribía en su diario: «El monje quiere convertir todas las religiones en una sola» (19 de noviembre de 1968). Al comienzo de la década de los setenta (momento en el que se escribe el presente libro), se sentía como Moisés, conduciendo al pueblo de Israel hacia la Tierra Prometida, pero sin poder entrar él mismo en ella. En 1973, el mismo día de la festividad de san Ignacio de Loyola, Yamada Kôun Roshi, su maestro zen, sin saber que se trataba de esta fecha, reconoció que el P. Lassalle había tenido la experiencia de ver la verdadera naturaleza de sí mismo y de la realidad *(kensho)*. Ello lo legitimará años más tarde como transmisor de la tradición zen. Cuando recibió oficialmente el título de *maestro zen* tenía más de 80 años. En 1987, a sus casi 90 años, anota en su diario:

> Tengo una sensación como de estar abierto en todas las direcciones, es decir, que no hay límites [...]. En lugar de «abierto en todas las direcciones» también se podría decir «ninguna: o eso o lo otro». (5 de mayo de 1987)

Al final de su vida había hecho suyo el lema de san Juan de la Cruz que aparece en su diario continuamente desde 1953: «No esperar nada, no temer nada, nada le impele hacia arriba, nada le oprime hacia abajo». Este «no esperar» no va en contra de la esperanza cristiana, sino de las falsas expectativas. En 1989 se lee en su *Diario:* «No esperar nada, no temer nada [...]. Nada, nada. Parece que nadie lo comprende». A los 91 años recibió su nombre zen: *Ai-un*, «Nube del Amor». Murió en Alemania al año siguiente (1990), pero sus cenizas fueron trasladadas y depositadas en el Templo de la Paz de Hiroshima.[8]

El P. Lassalle estaba convencido de que venía una era de transformación de la conciencia humana hacia el supraconsciente. Así consta explícitamente en el título de uno de sus últimos libros: *Vivir en la nueva conciencia* (1986). Con todo, fue crítico con la moda en la que este tema podía caer:

> En cuanto a lo referente a toda la historia de la nueva conciencia, me da la impresión de que es un traje expuesto en un escaparate y que está girando constantemente para que se vea por todos los lados, mientras que el maniquí está sin vida. (7 de julio de 1987)

8.   Para una biografía más completa me remito a la escrita por Ursula Baatz, que tiene dos versiones. Una extensa: *Hugo M. Enomiya-Lassalle. Una vida entre dos mundos*, Bilbao, DDB, 2001, y otra más breve: *Hugo M. Enomiya-Lassalle*, Barcelona, Herder, 2005. Las citas de su diario que aparecen en estas páginas están tomadas de la primera versión.

Por lo que hace a su síntesis personal, dijo en una de sus últimas declaraciones:

> Al principio el cristianismo y el zen eran como dos líneas paralelas. Es decir, yo seguía fiel al cristianismo, pero en el zen seguía las instrucciones de los maestros. Pero con el tiempo, estas dos líneas se convirtieron, sin ningún tipo de reflexiones teóricas, en una sola. Simplemente ocurrió así. Para mí, al menos, no existe ninguna contradicción, me crean o no.[9]

Su esfuerzo no fue estéril. Gracias a su tenacidad y perseverancia, abrió un linaje cristiano en la tradición zen, cuestión que no solo fue polémica en la Iglesia, sino también en los monasterios budistas de Japón. Yamada Kôun Roshi, su último maestro zen, dijo: «El hecho de que los católicos puedan practicar *zazen* ha llegado a ser posible gracias a que el padre Lassalle, como pionero, rompió el primer hielo». Hoy en día existen múltiples comunidades por todo el mundo llevadas por cristianos que practican el zen. Del mismo linaje japonés de Enomiya-Lassalle *(Sanbōkyōdan* o *Sanbô-Zen)* fueron surgiendo maestros en Europa y Estados Unidos, tales como el benedictino Willigis Jäger en Alemania, y en España contamos con tres núcleos relevantes: dos religiosas, Ana María Schlüter y Berta Meneses, y un sacerdote, Celso Navarro. La primera fundó en 1986 el

9. «Ergänzungen zu meinem Kensho-Report an Roshi Yamada» [Adiciones a mi informe sobre *kensho* para Roshi Yamada], 1985/6. Archivo personal.

Zendo Betania en Brihuega (Guadalajara); la segunda creó en 2003 en Barcelona la Asociación *Zen Dana Paramita;* y el tercero fundó el *Zendo Ryokan*, que se halla en Gran Canaria y está inserto dentro de *La Nube Vacía*, una rama europea independiente fundada por Willigis Jäger. A través de sus respectivos *zendos*, los tres siguen transmitiendo la práctica zen sin dejar de ser cristianos y consagrados. Al contrario, profundizan cada vez más en ese Vacío-Plenitud que les hace ser lo que son.

2. Problemática sobre la compatibilidad del zen con la fe cristiana

Tras estos cincuenta años, en algunos sectores de la Iglesia católica todavía sigue habiendo reticencias y desconfianza respecto a la compatibilidad de la meditación zen con la fe cristiana. En este sentido, los dos primeros capítulos de este libro siguen siendo, desgraciadamente, de actualidad. El 28 de agosto de 2019, la Comisión para la Doctrina de la Fe de la Conferencia Episcopal Española emitió un documento titulado: *«Mi alma tiene sed de Dios, del Dios vivo» (Sal 42,3). Orientaciones doctrinales sobre la oración cristiana*. El texto con frecuencia cita o remite a la Carta *Orationis Formas*, publicada por la Congregación para la Doctrina de la Fe en 1989 —entonces hacía justo treinta años atrás—, la cual estaba dirigida a los obispos de la Iglesia católica para aclarar algunos aspectos de la meditación. Joseph Ratzinger era en aquel momento el prefecto de tal congregación y, como alemán que era, conocía el impacto creciente que la meditación zen difundida por Enomiya-Lassalle estaba teniendo en la Alemania católica. Los dos documentos plantean también objeciones semejantes. Estas se pueden agrupar en tres objeciones generales de fondo ante los métodos orientales y luego, en el caso del documento de la Comisión de la Conferencia Episcopal Española, se concreta el caso del zen con cinco objeciones más específicas.

La primera objeción general de ambos documentos tiene que ver con el hecho de que no se puede separar el modo de orar con el modo de creer, según la sentencia latina que ya hemos citado: *Lex orandi, lex credendi.* «La fe y la oración son inseparables, ya que la Iglesia cree como ora y en lo que reza expresa lo que cree».[10] Cambiar el modo de oración acaba modificando el modo de creer. La cuestión está en si lo que cambia es el *contenido* de lo que se cree o el *modo* de lo que se cree. Por otro lado, pendientes de las creencias y de la doctrina, se corre el riesgo de olvidarse de la vida, así que al lema *Lex orandi, lex credendi*, habría que añadir: *lex vivendi*, es decir, el modo orar configura un modo de vivir tanto como un modo de creer, y ese modo de vivir hay que discernirlo, ciertamente.

Derivada de la primera, la segunda objeción es que, al practicar métodos orientales, implícitamente se está

---

10. *Orientaciones doctrinales sobre la oración cristiana*, 7 y 9. Cf. *Orationis Formas*, 6.

admitiendo que hay diversos caminos para llegar a Dios y ello contradice la creencia cristiana de que Cristo es el único acceso pleno a Dios. Implícitamente se está cultivando un relativismo teológico.[11]

La tercera objeción tiene que ver con la sospecha de que tales métodos buscan una quietud, tranquilidad o felicidad inmanentes que fomentan el autocentramiento y acaban prescindiendo de la gracia, de la trascendencia y también de la alteridad y de la atención a los demás.[12]

Las cinco objeciones del documento de la Conferencia Episcopal Española respecto a la meditación zen son: la ausencia de un Tú al que dirigirse durante la meditación (n.º 11);[13] la pasividad frente al compromiso con la realidad (n.º 12);[14] el panteísmo con pérdida del sentido de la alteridad (n.º 13); un apofatismo radical (n.º 18),[15] y finalmente, que Cristo y el cristianismo se presentan como un camino más hacia Dios o hacia el Absoluto (n.º 20).[16]

11. Cf. *Orientaciones doctrinales...*, 9, 10 y 18; *Orationis Formas*, 20-21, 29, 31.

12. Cf. *Orientaciones doctrinales...*, 2 y 10; *Orationis Formas*, 23, 26-28.

13. Cf. *Orationis Formas*, 20.

14. Cf. *Orationis Formas*, 13.

15. «Una espiritualidad que se base en un apofatismo radical y excluyente de toda afirmación positiva acerca de Dios y proponga una vía exclusivamente negativa para llegar a Él, o que practique únicamente el silencio sumo como la actitud propia ante el absoluto, no es compatible con la fe cristiana de Dios». Cf. *Orationis Formas*, 12.

16. Cuestión ya aparecida en la segunda objeción general y que teológicamente es la más importante. Cf. *Orationis Formas*, 20-21, 29, 31.

Como se podrá leer en los capítulos que vienen a continuación, el P. Lassalle sale al encuentro de todas estas objeciones diciendo todo lo contrario: tanto en lo que se refiere a su experiencia como a la de los cristianos que han practicado el zen, el resultado es que han ahondado en su fe y en su encuentro con Dios. Ahora bien, este reencuentro se produce en un lugar nuevo, que ya no responde ni a determinadas creencias ni a determinados conceptos. Como hemos visto a través de ciertos pasajes de su diario personal, este adentramiento pasa a través de la *Noche oscura* de toda experiencia mística. A mi modo de ver, la razón por la cual estamos ante puntos de vista tan diversos y la dificultad de dialogar con estas objeciones consiste en que proceden de niveles de conciencia distintos. Utilizando la escala de Jean Gebser,[17] un pensador que fue referente para Enomiya-Lassalle y que veremos citado en las páginas que siguen, las reservas doctrinales proceden de una mentalidad mítica (creencias) o racionalista (conceptos), mientras que aquí estamos ante una experiencia que abre a una conciencia integral que trasciende a ambas. Esto hace muy difícil el diálogo, porque se está en estadios diferentes de compresión. Lo que está en juego no tiene que ver con una religión concreta, sino con el modo como se vive y se concibe la propia religión. Los argumentos míticos o racionalistas no pueden comprender una experiencia de Dios y de la realidad que no sea emotiva ni conceptual, sino que es de otro orden.

17. *Origen y presente* [1949-1953], Girona, Atalanta, 2011.

El documento acaba dirigiéndose a los diferentes ámbitos eclesiales y agentes pastorales, casas de retiros, etc., diciendo que «no se dejen arrastrar por "doctrinas complicadas y extrañas" (Heb 13,9) que desorientan al ser humano de la vocación última a la que ha sido llamado por Dios, y llevan a la pérdida de la sencillez evangélica, que es una característica fundamental de la oración cristiana» (n.º 40). El texto es suficientemente prudente como para no prohibir la práctica del zen —y, en general, los métodos orientales— a cristianos o en espacios cristianos, pero claramente lo desaconseja y lo desautoriza como vía de crecimiento espiritual para los cristianos.

3. LA ESPECIFICIDAD DEL ZEN EN SU ACCESO
   A LA PROFUNDIDAD DE LO REAL

Otra de las dificultades de las objeciones anteriores es que están hechas desde fuera, sin un verdadero conocimiento de aquello en lo que realmente consiste el zen, es decir, sin un conocimiento experiencial. Enomiya-Lassalle advierte del peligro de juzgar una tradición desde fuera. Hay que ir al corazón de la experiencia.

¿Qué es el zen? Según unas palabras atribuidas a Bodhidharma, el legendario fundador de esta corriente, «el zen es una transmisión especial de corazón a corazón, al margen de toda doctrina, ya que no se basa en palabras ni en letras; apunta directamente al corazón humano, lleva a ver la propia naturaleza y a convertirse en un ser despierto». Esta contundente presentación del zen nos sitúa de inmediato en una atmósfera distinta a la que estamos acostumbrados en el Occidente cristiano. En cuanto al *zazen*, la práctica concreta de la meditación, se puede traducir por «sentarse en abismamiento». Por un lado, nos confronta de inmediato a una profundidad que nos deja sin referentes, al mismo tiempo que ofrece un método de una precisión rotunda y sin concesiones, basada en una atención corporal muy exigente.

La palabra pierde pie, porque se halla ante el vacío de la mente y ante la percepción del cuerpo, vehículo de la atención del ahora, sin mediación mental ni emocional, las cuales se quedan sin objeto. ¿Qué queda en la conciencia del ser humano sin mente y sin emociones, que son la base del sujeto occidental y, hasta cierto punto, del yo cristiano que se dirige al Tú de Dios? *Vacío*, se dice en Oriente, pero también *plenitud* cuando se atraviesa esa noche de los sentidos y del espíritu y se alcanza la unión con el origen de ese Tú del que brota todo.

Frente a una doctrina y unas creencias externas, el zen gira la mirada y se dirige hacia el yo que las proyecta. Este giro también se produce en la experiencia mística cristiana, pero solo en aquellos y aquellos que la tienen. Esta surge con frecuencia de un modo inesperado, mientras que en el camino del zen resulta ser el punto de partida y dispone de un método para adentrase en ella. El vacío no es la aniquilación del contenido de la fe, sino una espaciosidad que se abre por doquier cuando el yo mental y afectivo ha desaparecido. Sin esta experiencia de extinción del yo es imposible comprender la propuesta del zen, que no tiene que ver con una religión particular, si bien es cierto que el budismo parte de un carácter claramente apofático, en contraste con el cristianismo, que está fundado en la Palabra, no solo bíblica, sino que su fe está basada en Cristo como la Palabra encarnada de Dios.

El zen, como toda meditación o contemplación sin objeto, no niega esa Palabra, sino que va a su Origen, antes de ser pronunciada y de ser escuchada. La experiencia cristiana del zen —o de la contemplación sin objeto— no niega para nada la revelación de la fe cristiana, sino que hace caer en la cuenta de que su comprensión y su asimilación están en relación directa con nuestra receptividad y con nuestro estado de conciencia. Por otro lado, en varios pasajes del libro, el P. Lassalle insiste en que su interés no radica estrictamente en el zen, sino en lo que el zen ha hecho posible en él y también en otros: ahondar en la experiencia de Dios, que es lo que realmente le interesa y lo que considera que verdaderamente puede transformar al ser humano. Además, esta transformación integral no ha de ser solo individual sino también colectiva, y este horizonte responde al mismo recorrido del libro. Para ello, el P. Lassalle considera que la meditación silenciosa o no discursiva es una herramienta indispensable.

A mi modo de entender, el mensaje esencial de este libro y de toda la obra de Enomiya-Lassalle surge de la convicción, por su propia experiencia, de que la oración, la meditación o la contemplación profundas realmente pueden transformar al ser humano. Su crítica a la oración mental-intencional (ejercitando el entendimiento y la voluntad) radica en que procede de un yo todavía no transformado, en ella la mente (entendimiento) y los afectos (voluntad) giran en torno a los límites de un yo que únicamente pueden ser traspasados por la meditación silenciosa y sin intención. Esta muerte del yo es una muerte mística, como he tratado de recoger en la presentación que he hecho de su itinerario espiritual.

En cualquier caso, en la vida espiritual es fundamental discernir lo que conviene a cada cual y el momento en que le conviene. Lo que le va bien a uno no tiene que irle bien a otro, y lo que ayuda en un momento, puede dejar de ayudar en otro. Hay que adecuar el proceso espiritual a cada persona y al momento en que se encuentra. Las generalizaciones no ayudan.

Las páginas que siguen resonarán en cada cual según el estadio en el que se halle y le ayudarán a crecer en la medida en que se dispongan.

EL ZEN ENTRE CRISTIANOS

Meditación oriental y espiritualidad cristiana

Contemplar es un saber sin sabiduría
que siempre sobre la razón permanece.
No puede a esta inclinarse,
ni a él la razón ascender.
El no-saber iluminado es un espejo fino
en el que Dios su eterno resplandor refleja.
El no-saber no se aprende,
en él fallan todas las obras de la razón.
El no-saber no es Dios mismo,
pero es la luz con que se ve.
Los que no saben en la luz divina caminan,
y en sí un gran desierto divisan.
El no-saber está sin duda sobre la razón,
pero de ella no carece.
Admirarse es cosa de aquí abajo.
No hay admiración en el vivir contemplativo.
El no-saber ve, pero no sabe qué;
se halla sobre todo, no es esto ni aquello.
Ahora tengo que renunciar a la versificación,
debo describir con claridad la contemplación.

JAN VAN RUUSBROEC, *De las doce beguinas*

I

Breve balance retrospectivo

En estas páginas voy a exponer primeramente los resultados obtenidos por la introducción de la práctica meditativa oriental en el ámbito cristiano y después haré unas consideraciones más amplias. Se está produciendo un aumento significativo en el número de meditantes, así como también se percibe un crecimiento en la cualidad de la práctica de meditación.

Ante todo, hay que recordar que los métodos orientales son muy antiguos. Sus comienzos proceden de mucho antes que el cristianismo hiciera su aparición. Sus formas han permanecido, en parte, invariables. Un indio versado en estas cuestiones contestó sin vacilar a la pregunta sobre un método indio de meditación muy extendido ahora en Occidente: «No es nada nuevo. Todo ya está escrito en los Vedas». También la meditación zen ha permanecido esencialmente tal como se practicaba en China hace mil años en su época dorada. Los mil setecientos *koan* que existen catalogados (enigmas insolubles para la inteligencia) provienen casi todos de este tiempo.

Pero aquí no nos interesa tanto la meditación oriental en sí, sino su repercusión en el ámbito cristiano. En este terreno se ha avanzado mucho en un lapso de tiempo relativamente corto; se ha conseguido concretar con más claridad algunas cuestiones. Esto es aplicable tanto a la postura de los cristianos en general y de las Iglesias en particular, como a las *experiencias* tenidas gracias a los métodos orientales por parte cristiana. Al decir «cristianos» no pienso solo en representantes de todas las confesiones cristianas, incluidas las no eclesiales, sino también en todas aquellas personas que pertenecen al ámbito cultural cristiano, aunque el cristianismo ya no les diga nada ni tengan contacto alguno con ninguna Iglesia. Con mucha frecuencia, tienen una mentalidad totalmente cristiana, aunque no sean conscientes de ello. En verdad, en Occidente todos pertenecemos a este grupo. Esto se pone de manifiesto inmediatamente al intentar por primera vez hacer una meditación zen. Por ejemplo, las dificultades para sentarse según el modo prescrito en el zen son comunes, con pocas excepciones, a todos los occidentales.

1. Cambios significativos en los últimos años

Pero algo ha cambiado en el último decenio. En primer lugar, en lo referente a la postura de la Iglesia católica sobre este punto. En este tiempo tuvo lugar el Concilio Vaticano II. Diez años atrás, la Iglesia oficial había adoptado una actitud negativa frente al empleo de métodos de meditación de religiones no cristianas. Esta postura se explica, entre otras razones, porque no estaba permitida la participación en cultos de otras religiones. No podemos analizar aquí más en concreto las dificultades que suponía esa prohibición, por ejemplo, a los católicos japoneses en lo concerniente a las visitas oficiales de los santuarios nacionales Shinto y otras prohibiciones parecidas. El Concilio Vaticano II introdujo cambios fundamentales en estas cuestiones. Por lo que se refiere a las prácticas meditativas y de contemplación de otras religiones, en el *Decreto sobre la actividad misional de la Iglesia* se llega a pedir a las órdenes contemplativas que asimilen tales métodos en cuanto sea posible. Es notable que el libro *Zen, un camino hacia la propia identidad* [*Zen-Weg zur Erleuchtung;* El zen, camino para la iluminación], acusado de tener tendencias heréticas cuando fue publicado, fue absuelto de tal sospecha durante el Concilio, de modo que se pudo traducir a otras lenguas. Los cursos de zen que hoy se organizan en muchos países desde el ámbito cristiano fueron posibles tras el Concilio. Es cierto que, mucho antes, algunos misioneros habían pasado días y semanas en monasterios zen para conocerlo teórica y prácticamente; y también es verdad que venían maestros zen a países cristianos a dar cursos, mucho más en América que en Europa. Pero jamás se oyó que los hubieran dirigido sacerdotes católicos o representantes oficiales de otras confesiones cristianas. Entonces eso no era posible. En Japón iniciamos esta tarea en círculos reducidos poco antes del Concilio. En los países de lengua alemana se comenzó en 1968, después de que un año antes muchos de los participantes del inolvidable congreso de médicos y sacerdotes en el castillo de Elman (Alta Baviera) expresaran el deseo de que se organizaran tales cursos. Una vez comenzados, se prosiguieron en los años siguientes con una participación creciente. En la actualidad las peticiones son tan numerosas que no pueden atenderse por falta de personal especializado. A menudo es insuficiente hasta el espacio para recibir a todos los solicitantes. Hay grupos enteros de practicantes que piden retiros de fin de semana.

A ello hay que añadir otros métodos orientales practicados por tanta o más gente, como, por ejemplo, la meditación trascendental. La propagación de los métodos orientales en Occidente casi parece un alud. Hasta ahora el número de quienes vienen solo por curiosidad o moda es insignificante. Para la mayoría se trata de algo muy serio, central y decisivo para ellos.

2. Efectos en la vida interior de los practicantes cristianos

Los resultados que han dado estas formas de meditación en Occidente y, en especial, entre los cristianos no son solo satisfactorios, sino que superan con creces todas las esperanzas. Yo puedo atestiguarlo al menos por lo que respecta a los ejercicios del zen. Como dije en mi libro *Zen, un camino hacia la propia identidad*, se me ocurrió la idea de brindar a otros la oportunidad de tales prácticas por las buenas experiencias personales que tuve de esos métodos. Ya me he referido en otro lugar sobre los *efectos* de los ejercicios zen en general.[1]

1.   Cf. *Zen-Buddhismus* (1966) y *Zen* [*Meditation für Christen;*

Aquí me interesan más los resultados constatados en relación con el aspecto cristiano. Son especialmente dos: un *afianzamiento en la fe* y la *apertura de un camino hacia una oración más profunda.*

En cuanto a lo primero, hay que añadir el hecho de que cristianos que ya no podían creer en Dios volvieron a hallar la fe mediante la meditación zen. Hoy se habla de formas distintas de ateísmo. Para muchos, lo que ocurre es que se encuentran con objeciones que les impiden llegar hasta Dios. Puede ser el hecho de los sufrimientos de la humanidad, como el hambre y la guerra. Pero existen otros obstáculos, como son las concepciones de Dios demasiado antropomórficas que muchos arrastran desde la juventud. Tales ideas se deshacen con la meditación zen precisamente por prescindir durante un tiempo del pensamiento discursivo. Incluso quienes están firmes en la fe encuentran en la situación actual del mundo grandes impedimentos contra ella. La vida carece prácticamente de sosiego y se reduce casi por completo a lo técnico y material. Para muchos no hay quizá otro medio de mantener la fe que la meditación.

Es especialmente claro el influjo sobre la profundidad en la oración en los que han practicado la meditación zen. Esta experiencia se ha hecho tanto en Japón como en otros países. En su mayoría se trata de sacerdotes y miembros de congragaciones religiosas. Estos últimos están obligados por sus reglas a hacer meditación diariamente. Esta prescripción se ha suavizado en

Meditación para cristianos (1970)].

muchas comunidades, pero todos los que toman en serio su vocación tienen el deseo de aprovechar al máximo el tiempo destinado a la meditación. Muchos de ellos han tenido la experiencia de que la meditación clásica en la que se utiliza la inteligencia, voluntad y también la imaginación, si bien es un método muy fructífero al principio, no satisface a la larga. Me refiero a la meditación en la que se piensa y reflexiona sobre un pasaje de la Escritura, sobre una verdad religiosa o sobre cualquier otro tema de esta índole, tras lo cual se llega a un diálogo con Dios. No hay duda de que este método ha tenido los frutos deseados en el pasado en la mayoría de quienes se esforzaron de verdad. Mediante él progresaron en su vida religiosa y moral. Pero, por lo que hemos podido comprobar en los últimos años, ya no es el caso. En la actualidad hay muchas personas, particularmente religiosos y religiosas, que han llegado a un punto en que no saben cómo avanzar. Algunos acuden al zen por esta razón. Esperan y encuentran casi siempre un camino hacia más profundas esferas del alma y, consiguientemente, hacia una oración más intensa. El zen y otros métodos orientales no hacen pensar sobre un tema, sino al contrario: hay que esforzarse por llegar a liberarse de los pensamientos. Puede decirse que son caminos de *inmersión*. Para que tengan efecto se requiere cierta duración del ejercicio. Se sirven diestramente de un determinado modo de sentarse y de respirar, al igual que de otras técnicas. Por lo que se refiere a la meditación zen, se ha mostrado su eficacia. Por supuesto, depende de la disposición de cada uno que se necesite más o menos tiempo para conseguir el efecto deseado. Esto vale tanto para asiáticos como para occidentales. Es natural que para los asiáticos sea en general más fácil.

3. LOS EFECTOS TERAPÉUTICOS DE LA MEDITACIÓN

Por otro lado, en Occidente interesa más que en Oriente la relación con el aspecto terapéutico de estos métodos. Pero es demasiado pronto para comprobarla en concreto, porque estos métodos están pensados originariamente no para enfermos, sino para sanos, y persiguen además un fin religioso. Lo dicho vale en especial para el *zazen*, que exige grandes esfuerzos corporales a un principiante en cuanto al lugar y al tiempo de dedicación. No deberían, pues, utilizarse para enfermos sin oír el parecer del médico.

Habría que interesarse más bien por el efecto de la meditación en personas que la han practicado sin la intención expresa de adentrarse en una oración más profunda. Muchos de los que vienen a meditar no pertenecen a una determinada confesión ni a una organización religiosa. En general, puede decirse que la meditación zen practicada consecuente y constantemente enriquece a la persona. Produce efectos positivos sobre todo en el aspecto ético y religioso. Esto vale en primer lugar para Japón, donde el zen se halla en su ambiente. Pero tales efectos han podido observarse también en los países occidentales.

Respecto a los efectos terapéuticos de la meditación, en especial en el aspecto psíquico, quisiera referirme brevemente a unas conversaciones mantenidas con científicos. En Occidente, a causa de la tecnificación, la agitación de la vida se ha convertido en algo insoportable para la mayoría. Es cierto que hay otros medios además de la meditación para combatir este peligro. Pero en conversaciones con médicos he constatado una y otra vez la convicción de que en terapéutica había que preferir los modos orientales de meditación. Indudablemente se siente uno ante un enigma insoluble: por una parte, la vida se hace cada vez más pesada para el sistema nervioso del hombre moderno y, por otra, el desarrollo en esa dirección no puede pararse. De no encontrar una ayuda, el hombre occidental desaparecerá sin que haga falta una guerra atómica. En Asia oriental la situación no se ha agravado aún hasta llegar a lanzar un SOS, pues la tecnificación de la vida no ha alcanzado ese nivel en la mayoría de los países. Japón es una excepción. El asiático —también el japonés— tiene, además, una reserva de fuerzas que frena todavía el peligro que nos amenaza planetariamente. De ahí que el japonés no sienta tanto como el occidental la necesidad de la meditación zen y de otros métodos que le permitan superar el aprieto. En Japón se ha despertado un nuevo interés por la meditación por motivos diferentes.

En nuestro centro de zen, que empezó a funcionar hace cuatro años cerca de Tokio, la mayoría de los que vienen a los ejercicios son hombres sanos y jóvenes. En Occidente, por el contrario, cierto porcentaje elevado viene por motivos de salud, aunque más tarde se ve a menudo que la meditación los ha acercado a lo religioso. Estas cosas están tan unidas que prácticamente no pueden distinguirse con claridad. En todo caso, no hay duda de que el occidental necesita los modos de meditación orientales o sus técnicas para la salud psíquica, mientras no se haya encontrado un sustitutivo igualmente eficaz.

Hace largo tiempo que en Japón se conoce que el zen tiene de efectos positivos para la salud en general. Se sabe igualmente que los monjes zen se mantienen vigorosos corporal y espiritualmente hasta una edad avanzada. Quizás se deba a que el método de meditación favorece la irrigación sanguínea del cuerpo. Hay que decir además que en Japón mismo el interés de la ciencia por el zen ha aumentado considerablemente en los últimos años.

II

La discusión actual

A pesar del interés creciente y de las buenas experiencias hechas ya con la meditación oriental y a pesar de que la teología y la espiritualidad cristianas la entienden cada vez mejor, se sigue discutiendo sobre la *oportunidad* del empleo de métodos orientales en el ámbito cristiano. Es curioso que quienes adoptan una actitud negativa con frecuencia son los que no se oponen a los intentos de crear una nueva teología. Curiosamente, algunos de los que en cuestiones teológicas están al límite de transgredir lo que todavía se ha de respetar, cuando se les propone que se abran a los métodos orientales de meditación —los cuales, de hecho, coinciden con la doctrina de los místicos cristianos— llegan a rechazar incluso las ideas de estos en los puntos que consideran inaceptables desde una perspectiva cristiana.

1. La meditación intencional y la no intencional

Algunos de ellos piensan —al menos da esa impresión— que es esencial emplear conscientemente la inteligencia y la voluntad en la meditación cristiana, lo que ciertamente no es el caso en las formas cristianas más profundas de oración o meditación, como en la oración de recogimiento, en la oración de quietud y mucho menos en la que Juan de la Cruz llama «la contemplación oscura». Así pues, ponen en tela de juicio la tradición de la mística cristiana junto con los métodos orientales, entre ellos la meditación zen. Es verdad que no pretenden rechazar la mística cristiana como tal, pero parece que tienen otra concepción de la mística que la que procede terminológicamente del Pseudo-Dionisio Areopagita o de los neoplatónicos y que fue corriente en la Edad Media.[1]

Sin dudas el concepto de *mística* es discutible. No me refiero únicamente a la mística cristiana, sino también a la de las religiones no cristianas y también a lo que la psicología dice sobre ella en relación con los deseos. No es fácil establecer una definición de mística que abarque todo esto. El mismo concepto de mística no es claro ni siquiera en el ámbito cristiano. A esto se añade el hecho de que esta definición hoy no puede fijarse únicamente a partir del ámbito religioso, sino que se debe abrir a lo que dice la ciencia psicológica al respecto. Carl Albrecht[2] ha intentado precisar un concepto de mística que comprenda no solo la cristiana y la de las religiones

1. *Mística* procede de *myein*, «mantener los labios cerrados», es decir, mantenerse en silencio ante lo que no puede ser dicho ni siquiera pensado, porque sobrepasa la palabra y el pensamiento humanos. [Nota del Editor]
2. Carl Albrecht (1902-1965) fue un psicólogo y psicoterapeuta alemán que desarrolló un nuevo método de meditación basado en la autogénesis y que fue conocido por sus investigaciones de los estados de conciencia místicos. [Nota del Editor]

no cristianas, sino que al mismo tiempo sea aceptable para la ciencia.[3] Por mi parte, intenté decir algo de esto en una breve exposición en el librito *La meditación, camino para la experiencia de Dios [Meditation als Weg zur Gotteserfahrung]*.[4]

Naturalmente, no es posible tratar aquí todos los detalles de la discusión. Me ceñiré a las cuestiones que, aunque expuestas en otro lugar, necesitan conjugarse con la situación actual. Acabo de mencionar que, para algunos autores, la meditación cristiana tiene que hacerse ineludiblemente aplicando el entendimiento y la voluntad, lo que implícitamente implica considerar que su finalidad consiste únicamente en hacer más comprensible el dato revelado y llevarlo a la práctica en la vida ordinaria, es decir, vivir conforme a él. La meditación debe, pues, ocuparse del contenido de la revelación, tiene que reflexionar sobre ella. ¿Qué decir sobre esto? ¿Únicamente consiste en esto la meditación cristiana? Es un hecho que el cristiano de hoy, al intentar limitarse a este modo de oración, tropieza con dificultades que antes no existían o eran menores que ahora. El modo de comprender la Escritura ha cambiado radicalmente en los últimos años. Hoy sabemos que los textos no han sido *revelados* tal y como nos han llegado, sino que son el resultado de un desarrollo histórico. No hay que entender los evangelios literalmente como si se hubieran grabado las palabras

3.   C. Albrecht, *Psychologie des mystischen Bewußtseins* [Psicología de la conciencia mística], Bremen, 1951; *id.*, *Das mystische Erkennen* [El reconocimiento místico], Bremen, 1958.

4.   Santander, Sal Terrae, 1981, y Brihuega, Zendo-Betania, 2000.

de Jesús en un magnetófono. Los textos que nos han llegado son ya una interpretación. Son el anuncio de una doctrina tal como la Iglesia primitiva la entendió a partir de unas palabras a las que no tenemos acceso. Lo mismo se ha de decir de los acontecimientos que narran los evangelios. Han sido remodelados. Esto es algo que hoy ya no se discute.

Para el cristiano creyente de antaño esto era distinto. Para él, todo era tal y como estaba escrito, una verdad revelada en la que nada se podía tocar. Añádase que hoy se pueden interpretar las verdades de fe sin que la Iglesia adopte una postura oficial y definitiva, al menos por el momento. Todo lo cual ha tenido como consecuencia una inseguridad general para muchos fieles. Para muchos ha sido muy duro hacerse cargo de esta nueva situación. La mayoría de las veces, el mero estudio teórico no puede traer la ansiada seguridad. Por ello es necesario que se mediten las verdades de fe y la Sagrada Escritura. Hasta aquí estamos todos conformes. Pero la cuestión que planteo es la siguiente: la meditación intencional, que se realiza mediante el entendimiento y la voluntad, ¿es el único camino para superar dudas y dificultades y para asimilar las verdades de fe? Aún más: ¿puede acaso este camino conducir al hombre actual a la ansiada seguridad? ¿Pueden todos meditar de ese mismo modo? ¿Están preparados para ello por su saber y su formación espiritual?

Un famoso maestro zen dijo una vez que el *zazen* (la meditación zen) se practica para asimilar la doctrina budista, para hacerla verdaderamente propia. Con otras palabras: no basta ni da seguridad alguna el mero comprender intelectual de la doctrina. Sin embargo, en el *zazen* no se piensa ni en la enseñanza budista ni en ninguna otra cosa. Ya he dicho que incluso los cristianos se afianzan en la fe gracias a la meditación zen y superan muchas dificultades que no podrían lograr únicamente sobre una base racional. Aquí se llega a algo muy paradójico: resulta que lo que se supone que se ha de conseguir mediante la meditación intencional —en la que se reflexiona sobre lo que se pretende alcanzar y que muchos no alcanzan— se obtiene por el método de una religión no cristiana en la que no se reflexiona sobre lo que se pretende conseguir. ¿Cómo se explica esto? Una primera explicación consiste en el hecho de que en Occidente, en el ámbito religioso, se ha preferido la razón con demasiada parcialidad. O sea, siempre que se trataba de las fuerzas naturales, se echaba mano únicamente del entendimiento y de la voluntad para solucionar todos los problemas. La prevalencia de la razón ha hecho progresar indudablemente las ciencias naturales y la técnica y ha tenido su aspecto positivo también para el cristianismo a lo largo de sus dos mil años de existencia. Quizás fue hasta bueno que este proceso llegara a su saturación.

2. EL *FONDO DEL ALMA*

Pero existe otra explicación mucho más importante. Vamos a exponerla brevemente. Además de la razón y la voluntad, existe una tercera «capacidad» espiritual. Se trata del *fondo* mismo, del *fondo del alma* del que han surgido todas las potencias espirituales. Esta realidad se ha reconocido siempre en las religiones superiores de Asia. En Occidente este tercer órgano del alma se ha atrofiado o se ha quedado sin fruto por la preponderancia excesiva de la razón. Pues bien, precisamente este *fondo del ser* es el blanco de atención en los métodos orientales de meditación. Las verdades religiosas no pueden en absoluto ser comprendidas en su contenido salvífico si no es en ese *fondo*. Por tanto, si el cristiano practica estos métodos, tal *fondo* se vuelve a hacer fructífero, se regenera en cierto modo. Quizás alguien podría sacar esta conclusión: que el cristiano se hace budista o al menos existe el peligro de ello. Pero las cosas no son así, pues el cristiano tiene en su subconsciente toda la herencia cristiana, aunque no piense en ella de manera reflexiva. A este órgano se lo podría llamar también *tercer ojo*, como hizo Hugo de San Víctor al designarlo como el «ojo de la contemplación». En realidad, lo que ocurre es que cuando un cristiano —que lleva en sí todo el cristianismo— practica mucha meditación zen *(zazen)*, pasado un tiempo, se da cuenta, de pronto, de que ciertas verdades cristianas y palabras de la Escritura adquieren una gran importancia para él. Las entiende en su *Fondo* lo que es mucho más valioso que la comprensión intelectual.

No hay duda de que la vida espiritual psíquica de los sentimientos del hombre moderno está en gran medida atrofiada. Esto le hace difícil, cuando no imposible, la fe religiosa. Pues la fe no es solo un saber abstracto, sino un comprender con la totalidad de la persona. Para ello tiene que detener por un tiempo la actividad del entendimiento y de la voluntad. Es lo que enseñan los maestros zen, los gurús e igualmente los místicos. Si el *fondo del alma* fuera alcanzable con más facilidad no necesitaríamos buscar métodos de otras religiones. Particularmente, la postura corporal y la respiración, recursos que nosotros apenas hemos desarrollado en Occidente, son para ellos vehículos para la meditación.

En Occidente, lo que hizo que se extendiera masivamente la meditación o la reflexión contemplativa fue el influjo de los Ejercicios ignacianos, que aparecieron con el inicio de la modernidad. En ellos tienen preponderancia el entendimiento y la voluntad. Todas o casi todas las nuevas congregaciones religiosas adoptaron y practicaron este método y así se exigía a sus miembros durante la formación. A menudo se practicaba —y aún se practica— por la mañana en comunidad en la capilla. Para comenzar, se lee un texto de la Escritura sobre el que hay que reflexionar y del que se deben sacar conclusiones para la propia vida, y se termina con un diálogo con Dios. En cambio, las órdenes contemplativas, que existían mucho antes de que se escribieran los Ejercicios Espirituales de san Ignacio, tienen otras prácticas meditativas. Por ejemplo, se esfuerzan en pensar únicamente en la presencia de Dios en el propio corazón. Este modo está claramente más cerca de la contemplación que el primero y es, con todo, eminentemente cristiano. Por supuesto que ahí también siguen actuando el entendimiento y la voluntad, pero de una forma mucho más simple. Por lo mismo es más fácil adentrarse hasta el *fondo* primigenio del alma en el que no se «realiza» ningún acto, sino que se es «engendrado» y «dado a luz» como en un claustro materno.

Este «seno materno» no se puede igualar sin más con el inconsciente. Hay que distinguir entre el inconsciente espiritual superior y el subconsciente psíquico inferior. Existen sentimientos superiores espirituales y presentimientos pneumáticos, así como hay estados de ánimo y sueños inferiores debidos a condicionamientos psicosomáticos. Aquí tratamos de los primeros. La meditación realizada en el *fondo* o *seno materno del alma*, con mayor o menor grado de pasividad, tiene una fuerza mucho mayor para superar las dificultades de la vida religiosa, sobre todo en lo referente a la fe, obstáculos con los que el hombre tropieza hoy de una manera mucho más acusada que cuando todavía existía un sentimiento religioso colectivo. En este sentido, esta meditación *pasiva* o *no-intencional* conduce a la meta con mayor seguridad que la llamada *meditación intencional*. Porque lo angustiante de la situación es que no se superan las dificultades de fe únicamente pensando; es más, a menudo uno se mete aún más en un callejón sin salida precisamente por hacerlo. Es precisamente en este momento cuando se debe dejar de lado el pensamiento durante la meditación y buscar un camino en las profundidades del alma. Y aquí es donde tiene lugar la meditación oriental. Oriente ha conocido desde siempre este camino y lo ha seguido con perseverancia. Se dice que Buda, al final de su vida, dejó a sus discípulos como testamento espiritual esta exhortación: «Buscad única y exclusivamente la iluminación».

El camino hacia ella es precisamente esta meditación profunda. Buda evitaba entrar en cuestiones y discusiones metafísicas. Por supuesto que el cristiano no necesita echar mano de la meditación oriental si ha llegado a la meta de su aspiración, que es unirse con Dios, lugar al que quieren llevar todos los métodos que conocemos en la Iglesia. Sin embargo, incluso las personas que han llegado hasta cierto grado en la oración mística pueden progresar aún más mediante los métodos orientales.

3. Una prohibición inaceptable

Lo que me parece una irresponsabilidad es prohibir la utilización de los caminos orientales a quienes no están tan avanzados. El que pueda haber algún fallo o error en la práctica o en sus resultados no es razón para una prohibición radical. Lo que hay que hacer es una buena introducción en el empleo de esos métodos y, donde no hay guías, formarlos. Ciertas personas pueden caer en un gran aprieto si se les ponen obstáculos en el camino. En Occidente —por no hablar de Oriente— hay muchos creyentes que desde el principio de su vida orante o posteriormente no se hallan capacitados para hacer una meditación intencional. No es que estén incapacitados para la reflexión teológica, sino que sienten que la meditación o la contemplación no son el lugar para ello.

Considero una crueldad obligar a que todos los miembros de una orden religiosa deban esforzarse de ese modo durante el tiempo prescrito para la meditación;

considero que es un abuso de autoridad. Es doloroso tener que decirlo así, pero a pesar de todas las proclamaciones sobre la libertad de conciencia también en asuntos religiosos, se siguen perpetrando tales violaciones espirituales. Hay que conceder que los responsables lo hacen con la mejor intención. La mayoría de las veces la iniciativa no parte de ellos. Proceden así a causa de advertencias de quienes están convencidos de su deber de poner en guardia. Por otra parte, se acepta que se someta a crítica lo que hasta hace poco la teología había admitido como inmutable y categórico. Hemos de admitir honestamente que hoy todo tiene que ser pensado y reformulado de nuevo, aunque resulte incómodo e inquietante para el creyente de a pie. Así surge una pluralidad de posiciones teológicas en ciertas cuestiones, incluso en las importantes. Si esto está siendo así en el campo de la teología, del mismo modo habría que dejar manos libres respecto a cómo relacionarse con Dios. Quien haya experimentado alguna vez que se acerca más a Dios mediante el silencio interior que pensando y hablando, entenderá a qué me estoy refiriendo.

Todavía se podría añadir algo más respecto a la cuestión de la meditación y su relación con la razón. Forma parte de un problema más general: el primado que la razón ha tenido en Occidente en los últimos dos o tres mil años. Ha sido un tiempo glorioso para ella. Hay que estar agradecidos de que así haya sido, ya que lo que ha conseguido el ser humano con su inteligencia en el ámbito de la ciencia y la técnica, y también en el cultivo del espíritu, ha sido verdaderamente glorioso y digno de él. Pero hoy ha irrumpido la era de un «nuevo pensamiento». Con ello llegamos al tema del «hombre nuevo», que aquí solo puede tratarse someramente. El pensamiento deberá ser «místico», libre de prejuicios e intuitivo, ha de comprender la verdad en una nueva dimensión que supera lo tridimensional. Sin necesidad de más explicaciones, debería estar claro que el ser humano que realiza este desarrollo no puede sino vivirlo también en la esfera de lo religioso. Lo que también tiene su influjo en la meditación. Esta debería convertirse en experiencia de Dios, en contemplación en el sentido propio de la palabra. Otros modos pueden servir de preparación según la disponibilidad de cada uno. Pero no se puede uno quedar estancado en eso, idea que, por lo demás, el gran místico Juan de la Cruz tocó con claridad hace ya cuatrocientos años. Lo dicho vale, como se ha indicado, sobre todo para cristianos oriundos de Asia oriental. Exagerando un poco se puede decir esto: si para la meditación cristiana es esencial el hacerla intencional en el sentido expresado, entonces para un cristiano asiático no es posible tal meditación. Lo paradójico radica en que las religiones asiáticas son mucho más contemplativas que lo que es hoy el cristianismo en Occidente.

4. ¿Es una *FUGA MUNDI*?

En general se echa en cara no solo a los contemplativos asiáticos, sino, en la actualidad, también a los cristianos, que su modo de vida es una huida. Respecto de estos se sabe naturalmente, y se dice asimismo con bastante frecuencia, que el cristianismo tiene que incluir siempre además del intento de la propia salvación también la relación con el prójimo. A los contemplativos orientales, por su parte, se les acusa de que, según sus propias concepciones religiosas, por ejemplo el budismo, no necesitan preocuparse del prójimo. Tal recriminación no tiene base. Sencillamente no es verdad que el budista no tenga ni interés ni amor al prójimo. El que sepa qué es el ideal *bodhisattva*, o sea, que el santo, que podría sumergirse en el *nirvana*, renuncia a ello libremente hasta que todos los seres estén redimidos, el que sepa eso ve consecuentemente que la acusación es injustificada. Los monjes zen renuevan diariamente este voto y en especial durante los grandes ejercicios. Quien pase algún tiempo en los conventos zen se maravillará de la comprensión y bondad que encuentra allí. Más de un convento cristiano podría aprender algo. Cierto que también hay mucho «humano». Los verdaderos santos son una rareza en todas partes. Lo que aquí nos interesaba era mostrar una posición de principios.

Una observación importante consiste en ver que los fuertes ejercicios zen, en los que uno se encierra totalmente en sí, producen una apertura de cara al prójimo. Es cierto que el cristiano llega al amor del prójimo por un camino distinto del budista y, en especial, del propio del monje zen. La vía del primero podemos darla por conocida. Por lo que se refiere a los últimos, Carl Albrecht nos ha dejado una valiosa descripción:

«El primigenio amor oriental» (permítasenos el empleo de este adjetivo que nada significa) se basa en tres presupuestos:

1) En primer lugar, hay que mencionar la reencarnación, la toma de un nuevo cuerpo y la doctrina del *karma*. Frente a su curso invariable, la libertad del ser humano hace de contrapeso y algunos inician el intento de comenzar un proceso de liberación.

2) El yo, mediante una larga preparación de ascesis y de conocimiento, puede librarse de todas las falsedades e implicaciones superficiales, de todas las ataduras; puede deshacerse de la ambición, de todos los deseos, de todo placer, de cualquier concepto vinculado a las cosas mundanas, de cualquier dolor y preocupación, de todo anhelo de exaltación y poder del yo. Este largo proceso de abandono y de renuncia lleva a una completa privación del yo y al descubrimiento de la identidad esencial.

3) En tercer lugar, cuando todavía en la inmersión y tras la anulación del pensamiento y la reflexión se ve el gran engaño del aparente fraccionamiento y aislación de las cosas, y cuando se experimenta la verdadera unidad, cuando por contemplación y experiencia se sabe que en cada viviente, en cada animal, en las demás personas, descansa oculto el único y universal espíritu, *Atman-Brahma*, entonces el peregrino, el que se sumerge, se ha convertido en una luz, cuyo calor y claridad ilumina al mundo y cuya abierta inclinación a todo ser viviente está llena de misericordia, compasión, suavidad y amor. Todo odio se ha consumido, toda enemistad ha desapa-

recido con la carencia de ambiciones y la serenidad. En el espacio del alma, vaciada de toda relación y atadura negativas, han quedado únicamente las relaciones que disponen a la cordialidad y a la bondad.

Surge, si se quiere llamar así, una conducta altruista que, mirada desde fuera, es semejante en muchos aspectos a la del hombre poseído por el *ágape*. Pero el origen de este amor viene de una situación espiritual y hasta de unos presupuestos antropológicos totalmente distintos.

Hablando en general, el entrar-en-sí, el recogimiento interior, no es obstáculo alguno para la relación con el prójimo. Pero en todos los tiempos ha habido personas que se han aislado de su ambiente y sus semejantes, no solo de manera pasajera y como preparación para un más perfecto trato con el prójimo y para servirle mejor, sino para siempre. Hubo y hay anacoretas. Mucha gente califica esto de «huida del mundo» con un acento puramente negativo. ¿Es exacta esta opinión? ¿Fueron y son todos los ermitaños parásitos espirituales inútiles para la humanidad, por decirlo algo drásticamente? «¡Que bajen de sus montañas y trabajen!», dice el individuo inmerso en la sociedad orientada al rendimiento. No hay más que leer un texto de Isaac de Nínive para ver que también la vida de estos ermitaños puede enriquecer a la humanidad:

¿Qué es un corazón compasivo? Es un corazón que arde por toda la creación, por todos los seres humanos, por los pájaros, por las bestias, por los demonios, por toda criatura. Cuando piensa en ellos y cuando los ve, sus ojos se llenan de lágrimas. Tan intensa y violenta es su compasión, tan grande es su constancia, que su corazón se encoge y no puede soportar escuchar o presenciar el más pequeño dolor o tristeza en el seno de la creación. Por esto intercede con lágrimas por los animales irracionales, por los enemigos de la verdad y por todos los que le molestan, para que sean preservados del mal y perdonados. En la inmensa compasión que se eleva de su corazón, una compasión sin límites, a imagen de Dios, llega a rezar incluso por las serpientes.[5]

¿Hace falta acaso una ideología particular para saber que el amor a Dios y al hombre son inseparables o que la verdadera santidad tiene que incluir siempre una relación con el prójimo? ¿No ocurre lo que dijo Carl Albrecht: «Quien está sano, ama al mundo»? Quien está sano, «entero», quien es totalmente humano, no necesita ningún motivo añadido para estar también abierto al prójimo. No es cierto que el hombre por naturaleza esté cerrado a los demás y que tenga que esforzarse por superar este obstáculo. ¿No basta para abrirse al prójimo quitar todos los impedimentos, como se ve por la cita anterior? No es natural al hombre el envidiar y odiar a su semejante, sino amarlo y ayudarlo. El exagerado dualismo no viene de Oriente, sino que procede de Occidente y se ha corrompido hasta llegar a una filosofía del odio, para gran escándalo de los asiáticos. Desde

---

5. *Zen-Buddhismus, op. cit.*, pp. 231 s. (véase Introducción, p. 13).

el punto de vista de Oriente, todo santo verdadero es un auténtico enriquecimiento de la humanidad por el mero hecho de existir. No pretendemos disimular en absoluto lo que en Asia no está en orden en el aspecto religioso o en cualquier otro campo. Únicamente he querido exponer algunas razones que una y otra vez se sacan a relucir en contra de la integración de las formas orientales de meditación en el cristianismo.

5. Rechazo de lo cercano y conocido *versus* la atracción por lo lejano y desconocido

Hay que mencionar un último punto en esta discusión. Con frecuencia se oyen lamentos de que la asistencia a las iglesias decrece y que, por otra parte, los modos orientales han alcanzado una expansión peligrosa. No hay por qué negar este hecho. Se teme que a causa de la difusión de métodos orientales se dé una ósmosis con las ideas de las religiones que están tras ellos y que de esa manera muchos se separen del cristianismo. Sin duda que tal preocupación por parte de las Iglesias cristianas está justificada. Con todo, habría que considerar otras cosas antes de llegar a un juicio definitivo. En primer lugar, quienes buscan a los maestros de la meditación oriental no pretenden encontrar otra religión mejor que el cristianismo al que hasta ahora han pertenecido. Por supuesto que hay excepciones. Pero a la mayoría le interesa otra cosa. En los orientales se descubre algo que se echa de menos en las Iglesias. Los auténticos de entre ellos tienen una «irradiación», como hoy se dice, que no se encuentra en la mayoría de los representantes de las Iglesias. Añádase que muchos no pueden —o ya no más— reconciliarse con la actitud de las Iglesias cristianas. Con razón o sin ella, esto no lo vamos a discutir ahora. Hay que agregar muchos prejuicios que se han ido enraizando con el paso del tiempo y que impiden ver lo bueno que hay también aquí. El caso es que, si su procedencia no es clerical, hay más receptividad. Por otra parte, muchos buscan hoy inútilmente en el cristianismo algo que también existe en él, o que existió antes, y que al parecer se ha olvidado. Si se les muestran los paralelismos que existen entre los místicos cristianos y lo que encuentran en las ideas orientales, se maravillan de esta novedad. Habría que preguntarse si es que no falta algo que el hombre de hoy espera con razón. Las personas cambian con el tiempo, como todo el mundo sabe. Esto se refiere también a aquellas para las que la religión significa algo. Por supuesto que la cuestión que aquí aflora no puede contestarla sino quien vive totalmente en la situación religiosa de Occidente, lo que en verdad no vale para quien esto escribe. Cierto que hay sacerdotes y otras personas que podrían dar la respuesta; pero por lo visto tienen reparos en hablar, porque se tergiversan sus palabras con demasiada facilidad.

6. Objeciones a la liturgia

Todavía quisiera llamar la atención sobre un punto que pertenece a nuestro tema. Parece que muchos echan de menos el elemento meditativo en la liturgia, a pesar de los muchos y buenos aspectos que ha adquirido gracias a las reformas tras el Concilio. Por tal carencia —aunque quizás haya otras razones— tienen la impresión de que la forma no responde al contenido. Por ello quedan muy impresionados de la profundidad religiosa de los practicantes de Oriente.

Quisiera concluir rogando que se tenga comprensión para quienes encuentran en los modos orientales de meditación una ayuda para profundizar su vida cristiana, en especial, en la oración y la meditación. Así como a nadie se le debe obligar a hacer *zazen* o prácticas semejantes, tampoco a nadie se le debería prohibir. Esta libertad es el signo de nuestra época y, como ya se ha dicho, se deja manos libres en cuestiones teológicas, cosa que no sucedía antes del Concilio. Deseo defender la libertad de los religiosos y las religiosas que se ven afligidos por prohibiciones en el terreno de su vida interior, y por ello me he expresado con cierta rudeza. Espero que el lector lo pueda comprender, pues viendo la apurada situación de tanta gente, no se puede callar.

III

ALGUNAS PROPUESTAS PRÁCTICAS

1. EL REDESCUBRIMIENTO DE LOS MÍSTICOS DE NUESTRA PROPIA TRADICIÓN

La oferta de Oriente ha tenido, por lo menos, un efecto positivo que deberían reconocer incluso aquellos que no aprueban la utilización de los métodos orientales: ha logrado un mayor interés por la meditación, haciendo que se busque en el pasado del cristianismo antiguos tesoros olvidados que en la actualidad pueden ser de gran valor e incluso necesarios para la vida. En cierto sentido ha ocurrido lo que narra una historia *hasídica* que dice así:

Hace mucho tiempo vivía en Cracovia un pobre rabino llamado Eisik. Este tuvo un sueño que le ordenaba ir a Praga: allí, sobre el gran puente que lleva al castillo real, descubriría un tesoro oculto. El sueño se le repitió tres veces y es así que el rabino se decidió a partir. Llegado a Praga, encontró el puente, pero como este se hallaba custodiado día y noche por los centinelas, Eisik no intentó seguir. Vagando por los alrededores, atrajo la atención del capitán de guardia, quien le preguntó amablemente si había perdido alguna cosa. Con simplicidad, el rabino le refirió su sueño. El oficial rompió a reír: «Verdaderamente, pobre hombre —le contestó el oficial—, ¿has gastado tus zapatos para andar todo este camino simplemente a causa de un sueño? ¿Qué persona razonable creería en un sueño?». Ese mismo oficial había escuchado también una voz en sus sueños: «Me hablaba de Cracovia, me ordenaba ir allí para buscar un gran tesoro en la casa de un rabino cuyo nombre era Eisik, hijo de Jekel. El tesoro debía ser descubierto en un rincón polvoriento donde se encontraba enterrado, detrás de la estufa». Pero el oficial no concedía fe alguna a las voces escuchadas durante los sueños: el oficial era una persona razonable. El rabino se inclinó entonces profundamente, le agradeció y se apresuró a volver a Cracovia. Cavó en un rincón abandonado de su casa y descubrió el tesoro que puso fin a su miseria.[1]

El pobre rabino tuvo que hacer el largo viaje a Praga para enterarse de que en su propia casa había un tesoro. Esto ocurre con frecuencia. Los seres humanos viajan por todo el mundo para hallar la felicidad y un buen día descubren que solo pueden encontrarla de verdad en su propio corazón. Gracias al contacto con las religiones orientales muchos occidentales nacidos en países cristianos han comenzado a interesarse por los místicos de su propia religión. En verdad, es sorprendente que se haya redescubierto la meditación en un tiempo en

1. Cf. M. Eliade, *Mitos, sueños y misterios*, Madrid, Grupo Libro 88, 1991, pp. 54-55.

que Occidente nada materialmente en los logros de la ciencia y la técnica. Incluso en el ámbito religioso este tema estaba ausente. No hace mucho tiempo que en la Iglesia no se podía hablar de «vivencias» sin caer en la sospecha de una falsa mística. La mística era un tabú. Ya he mencionado que, en su lugar, se cultivó con ahínco la meditación objetiva o intencional, llamada *reflexión*. Las cosas cambiaron hace pocos años en la vida religiosa al descubrirse que se estaba demasiado referido a sí mismo y excesivamente poco al prójimo. Lo importante era el diálogo y no la reflexión. En este sentido en muchas órdenes religiosas se dejó libertad respecto a la meditación diaria o incluso fue suprimida.

2. SE HA DESPERTADO GRAN INTERÉS POR LA MEDITACIÓN

Hoy, solo unos años después, la meditación está más extendida que nunca. Incluso existe el peligro de que se convierta en una moda. Eso significaría que equivocadamente se considerara un fin de sí misma y ello dificultaría precisamente lo que debe conseguirse con la meditación propiamente dicha: la desaparición del yo. Si se convierte en un objeto de consumo más, el yo empírico, que debería desaparecer poco a poco para llegar a lo más profundo del propio ser y a la auténtica libertad, se reforzaría más por esa meditación mal enfocada. Los antiguos conocieron ya esta enfermedad de la vida espiritual. Se la llamó *glotonería espiritual*. Por el contrario, la auténtica meditación libera y abre al prójimo. La falsa meditación aísla y alimenta el egoísmo. Este peligro existe especialmente cuando se hace sin una actitud religiosa fundamental. Es cierto que puede meditarse también por razones terapéuticas; siempre que esto esté claro, no hay nada que objetar. Asimismo, la meditación puede defraudar cuando no se consigue lo esperado. Si la meditación se hace solo para tranquilizarse y alcanzar la serenidad, es decir, únicamente para lograr una satisfacción natural, entonces puede ocurrir que un día uno se encuentre vacío y defraudado. A la larga, el ser humano no puede ser feliz con ello. No hablo de quienes se han entregado a una vida desenfrenada y buscan su satisfacción en instintos y pasiones bajas. Esos jamás serán felices. Se encuentran en perpetua huida ante su propia conciencia y, en último término, ante Dios. Hablo de personas que sinceramente quieren ser buenos. Si la meditación se practica conectada con una religión o una manera determinada de ver las cosas, vivir conforme a esta religión ayuda y no defrauda. Es indiscutible que la meditación intencional presupone unas ideas determinadas, pues tiene un contenido sobre el que se medita. Con todo, en la meditación sin objeto, aunque no tenga contenido mental, se logra reforzar y profundizar un determinado concepto del mundo o una fe religiosa. Quien medite de este modo verá que se produce este fruto y verá premiado su esfuerzo.

En la tradición cristiana existen muchos métodos de reflexión que, de una manera u otra, se basan en la contemplación y que al principio se pueden utilizar con fruto. Cuáles aconsejar y en qué orden es algo que

depende de la predisposición y situación de cada uno.
No voy a detenerme ahora en esto. No es difícil infor-
marse y aconsejar sobre ello. Aquí nos interesan sobre
todo los métodos orientales, que también son muchos.
Actualmente, los más extendidos en Occidente son el
yoga, en especial el *hata-yoga*, la meditación trascendental, el *zazen* y otras formas budistas de meditación,
por ejemplo, el *satipatthana*.[2] En un librito de la serie
Alternativas,[3] después de algunas cuestiones generales,
se proponen sesenta formas diversas de meditación, las
cuales son desarrolladas en breves artículos.

Una vez que uno se decide por un método, conviene
seguir perseverantemente con él y no dejarlo por otro
como no sea por razones muy importantes. Los métodos
clásicos (yoga, zen y *satipatthana*) exigen una introducción intensa no solo teórica sino también práctica, o
sea, acompañada de ejercicios. Hay que tener en cuenta
que se necesita un tiempo hasta que se produzcan los
efectos que les son propios. En general no es aconsejable
mezclar dos métodos. Algunos no se excluyen entre sí.
Tal es el caso del *hata-yoga* y el zen. Es comprensible

2.   Literalmente, «establecimiento de la atención plena» o «claridad de la mente». Este método está en la base de la práctica de
la atención consciente o *mindfulness*. Consiste en la observación
de cuatro campos que están interconectados: el cuerpo, las sensaciones que emergen del cuerpo, la mente y el contenido de la
mente (pensamientos y emociones). Una de las modalidades más
desarrolladas en las últimas décadas es el *Vipassana* (literalmente,
«ver las cosas tal como son»). [Nota del Editor]
3.   Cuaderno 8: *Meditation*, revisado por H. Gaus y A. Schlareth,
Múnich, 1971.

porque el *hata-yoga* consiste en ejercicios corporales, aunque su intención final también es de orden espiritual. Tampoco hay dificultad alguna en pasar del *hata-yoga* al zen, como mucha gente lo ha experimentado. En este caso es aconsejable conservar algunos ejercicios de yoga. Estos ejercicios se proponen a veces para descansar en los cursos de zen de varios días. Pero esto sucede solo en Occidente porque en los monasterios zen disponen de sus propios ejercicios. Al preguntarle a un maestro qué le parecía, respondió: «Nosotros tenemos *samu* (trabajos corporales, ejecutados sobre todo tras el desayuno y que no duran más de media hora); además, el *zazen* sirve también para el descanso». En Occidente tales prácticas, yoga u otras, pueden ser una buena ayuda, en especial para principiantes.

3. El reto de la adaptación

Además de la cuestión de elegir método, existe la adaptación al modo de ser occidental. El zen surgió y creció en Asia estrechamente vinculado con el budismo. Es natural que uno se pregunte si el zen es apropiado para Occidente tal y como se sigue practicando en Asia. Por lo que se refiere al origen budista, ya hemos tratado la cuestión repetidamente y no es necesario que volvamos sobre ella. Además, las experiencias han demostrado que la práctica del *zazen* no solo no perjudica a la fe en Cristo, sino que incluso puede proporcionarle una excelente ayuda. Pero sigue en pie la cuestión de si la manera prescrita de sentarse y de respirar, así como la actitud interior de no pensar en nada, se acomodan bien a Occidente o hay que adaptarlas.

La adaptación puede consistir, por ejemplo, en un modo de sentarse más fácil para el occidental. Se podría hacer, por ejemplo, en una silla. En cuanto a la respiración, no parece que deba constituir una dificultad para el occidental tal como se practica en el zen. Respecto a abstenerse de pensar, en realidad, no hay acomodación alguna, pues o se piensa o no se piensa. Ya se ha hablado de las prácticas para el descanso. No se puede determinar desde Oriente qué es necesario acomodar en este y otros aspectos y cómo se puede hacer más acertadamente. Quisiéramos añadir tan solo algunas cuestiones que deberían tenerse en cuenta para la adaptación concreta.

En primer lugar, llamemos la atención sobre el peligro de que se pierda algo esencial en los intentos de adaptación. Los usos que se han ido introduciendo poco a poco en el mismo Japón y en China desde hace siglos tienen relación con preservar lo esencial. Sería necesario un estudio profundo para aclarar esta situación. Quien cambia algo sin conocer las cosas a fondo se expone a perder detalles valiosos. El zen puede tener efectos verdaderamente sorprendentes si no se dejan de lado las experiencias del pasado, las cuales comportan unas normas concisas y al parecer insignificantes. Pretender alcanzar con más rapidez la meta a base de ciertas simplificaciones es, con frecuencia, un engaño. Aunque parezca que puede tener éxito en un primer momento, hay que verificar si los frutos permanecen a largo plazo. El zen es un trabajo duro. Eso es inevitable. Se necesita constancia para alcanzar lo que puede dar al occidental. Pongamos un ejemplo concreto: en un curso de zen en que normalmente se tienen diez meditaciones, se adoptan en tres ocasiones prácticas de descanso de media hora, de modo que las meditaciones quedan reducidas a siete. Cierto que esto hace mucho más fáciles las cosas y sucede que algunos se alivian durante el *zazen* pensando en el ejercicio de descanso. Habría que ver si el resultado es mejor con respecto al que resiste las diez meditaciones sin prácticas de descanso. Quizás ocurra lo contrario. Si se aguanta, las propias sentadas constituyen un descanso. De lo contrario, uno no llega nunca a descubrir que la misma meditación es ya un descanso, o se descubre mucho después. Yo diría que lo mejor sería encontrar un modo de incorporar ese descanso al mismo *zazen*.

Si lo único que le interesa a uno es conseguir cierto sosiego, existen otros métodos más fáciles y rápidos para ello. Hay gente que comienza con un método más sencillo y están satisfechos durante algún tiempo con los resultados. Pero luego no pueden conformarse con eso y comienzan con el zen. Con todo, no es mi intención comparar y valorar entre sí las distintas formas orientales de meditación. No hay lugar para ello por la sencilla razón de que en todos los métodos hay grados y todos pretenden conducir a lo último y más elevado, y se puede conseguir si se les saca todo el partido posible. En cualquier caso, no debería hablarse mal de un método que uno no conozca a fondo por propia experiencia.

4. SOBRE LA FIDELIDAD A UNA PRÁCTICA MEDITATIVA
Y A UN MAESTRO

Hay quienes sienten una necesidad verdadera y acuciante de meditar según los métodos orientales. Y puesto que no tienen la oportunidad de practicar regularmente un mismo método, aceptan cuanto les llega sobre la meditación oriental. Los maestros de Oriente difícilmente aconsejarían tal modo de proceder. Aún más, recordarían que no se debe seguir a más de *un* maestro, incluso tratándose del mismo método, sea el yoga o el zen. Es fácil comprender las razones. En la espiritualidad cristiana pasa lo mismo. En la mística cristiana oriental se insiste en este aspecto con más fuerza aún que en el zen. El motivo que se aduce es que el Espíritu Santo, el auténtico guía del alma, se comunica solo a través del director que se ha elegido. En Occidente, sobre todo en Europa, apenas hay maestros zen que residan permanentemente en un lugar. A esto se añade el hecho de que no cualquier maestro zen es apropiado a cada individuo. Por ello no es posible la fidelidad incondicional al primer maestro que se ha tenido. Afortunadamente está aumentando el número de instructores suficientemente capacitados para dar, por lo menos, una introducción y guiar hasta cierto grado.

Existe otra posibilidad que no se debería descartar. Entre los sacerdotes cristianos y otras personas profundamente creyentes hay quienes, aunque no están versados en el zen, conocen las formas místicas de oración. Estas personas pueden ser buenos consejeros para creyentes que practican el zen, a condición de que no tengan un prejuicio insuperable contra los modos orientales de meditación.

A la vista de las circunstancias actuales, es acertado aprovechar las raras oportunidades de hacer retiros con un buen maestro, aunque no sea el habitual.

5. Breves indicaciones sobre cómo hacer la práctica meditativa

Si a pesar de la mejor voluntad no se halla ninguna ocasión de ser iniciado por alguien, uno puede salir del paso con una buena introducción escrita. Me permito remitirme de nuevo a las detalladas indicaciones que di en mi libro *Zen, un camino hacia la propia identidad*.[4] No estarán de más aquí unas breves advertencias, aunque se corra el peligro de que para algunos lectores constituyan una repetición.

En la meditación *(zazen)* hay que sentarse a ser posible en el suelo, no en una silla. Si no se puede adoptar la postura del loto, habría que sentarse de modo que las rodillas toquen el suelo. En cualquier caso, el tronco y la cabeza tienen que estar erguidos. En el caso de sentarse en una silla, hay que mantener la misma posición y sin apoyarse en el respaldo. Los ojos entreabiertos miran, sin fijarse, sobre un lugar del suelo a la

---

4.   Capítulo 6: «Indicaciones prácticas para el *zazen*» (Bilbao, Mensajero, ⁴1991, pp. 123-151).

distancia de un metro del cuerpo. Se debe respirar por la nariz y, a ser posible, profundamente, haciendo intervenir al diafragma. Entre aspiración y espiración no debe haber una larga pausa. No hay, pues, que retener el aire. Todo el cuerpo debe estar relajado. La actitud interior consiste, en resumen, en no pensar. Como es difícil mantener esa disposición sin caer en el adormilamiento, existen varios modos de concentración, sea en la respiración o sea en un *koan*, es decir, un problema insoluble para la lógica. No se propone un tema de meditación religioso. La actitud interior consiste en no entregarse a nada de lo que pueda venir: pensamientos, imaginaciones, sentimientos o cualquier otra cosa. Es inevitable la espontánea aparición de tales fenómenos, pero no perjudica a la meditación si uno no se detiene en ellos. Si no se adopta ninguna de las ayudas propuestas, a esa postura se la denomina *shi-kan-taza,* es decir, «mero-estar-sentado». El acento recae tanto sobre el «mero» como sobre el «estar-sentado». Se le podría llamar «permanecer-sentado». Este «mero-estar-sentado» constituye el *zazen* propiamente dicho.

6. Recapitulación: se está dando un cambio civilizatorio

Resumamos el resultado de nuestras reflexiones: el *fondo del alma*, el mundo afectivo o el *seno materno*, que son el origen de la fe y de la experiencia religiosa, se han vuelto estériles en nuestra cultura religiosa a causa de la preponderancia de la razón. La fe que se deriva de ahí está, por así decirlo, sepultada. Considerando la búsqueda que existe actualmente en muchos occidentales, es natural que, al practicar una meditación como el *zazen*, que permite desconectar de la razón, la fe pueda liberarse y tener nueva vida. Se entiende que el terreno espiritual, esterilizado a causa de la razón, vuelva a ser fructífero cuando se elimina la preponderancia racional gracias al método oriental. La reflexión, realizada especialmente con la inteligencia y la voluntad, no es apropiada para remediar este fallo o para curar esta esterilidad, ya que trabaja precisamente con las fuerzas que han causado la catástrofe. Ello no quita que la reflexión, en sus momentos adecuados, pueda ser muy fructífera.

Como he mencionado, el sentimiento religioso y, en general, el mundo afectivo del espíritu están embotados en muchas personas de nuestro tiempo. Eso no significa que todos los sentimientos humanos hayan desaparecido. Al contrario, las personas buscan actualmente un sustitutivo en las sensaciones materiales. Parece que los sentimientos irrumpen con una fuerza apenas conocida anteriormente. No hay más que pensar en el sexo y la brutalidad. A lo que hay que añadir otras actitudes y comportamientos que pueden ser intrascendentes o que incluso están justificados, pero que no son de tipo espiritual. El ser humano no puede vivir sin sentimientos y exclusivamente de la razón. Así como las experiencias en el terreno de las sensaciones superiores y espirituales pueden evitar que se convierta en esclavo de las pasiones inferiores, del mismo modo la esterilidad de los sentimientos espirituales encierra el peligro de ir a buscar su satisfacción con tanto mayor ahínco en las sensaciones materiales. A la larga esto no se consigue, pues el ser humano puede saciar sus pasiones, pero estas no pueden satisfacerlo. El hecho de que muchos jóvenes de hoy estén abandonando las drogas para practicar el zen y otras formas orientales de meditación no es tan sorprendente desde este punto de vista.

Por el momento, a pesar de esta situación desesperada, causada por el predominio excesivo de la razón, sería falso considerar un error el camino que hasta ahora ha seguido la civilización occidental. Este proceso ha obedecido al orden natural de las cosas. Una época de florecimiento de la razón es algo que está muy en consonancia con nuestra condición humana y nos dignifica. Hoy no podríamos renunciar a todo lo que ha logrado nuestra especie. Pero nos hemos descuidado de algo importante y que hay que atender para que los logros de la cultura material sean una bendición y no una desgracia. Quizás tenía que ocurrir todo esto para que pudiéramos dar el paso a lo *arracional*, lo que en el terreno religioso equivale a la experiencia mística.

Jean Gebser[5] dice a propósito del *hombre nuevo:*

5.   Jean Gebser (1905-1973) fue un filósofo de origen alemán que vivió la segunda parte de su vida en Suiza, donde maduró su pensamiento. Describió la evolución de la conciencia humana, intuyendo que estaba llegando a una nueva etapa, la espiritual o integral, después de haber pasado por las etapas precedentes: la arcaica, la mágica, la mítica y la racionalista. Su formación polivalente, especialmente lingüística, junto con su sensibilidad poética dan a sus

Esta nueva edad es una superación de la época racional precedente, de índole fuertemente antirreligiosa, y constituye al mismo tiempo la reacción al nihilismo acristiano de nuestros días. Esto significa también que la época emergente ya no puede ser antirreligiosa. Solo el pensamiento racional es antirreligioso; lo *arracional* ganará, por el mero hecho de su transparencia, una relación nueva y firme con la religión.[6]

Oriente jamás ha tenido un período propiamente racional tal como lo ha tenido Occidente, aunque no sabemos si tendrá que pasar por él. En verdad, parece que se encamina hacia ello. Hasta ahora, lo propio de las religiones orientales ha sido lo *arracional*, la solución de las antítesis y la comprensión de la totalidad, a diferencia del pensamiento occidental, en el que ha predominado la tendencia a separar y analizar las cosas. Precisamente por esta razón, en la indigencia en la que nos hallamos, no se debería rechazar el actual ofrecimiento de Oriente sino aceptarlo. Eso puede ocurrir por medio de la meditación. Sería muy de desear que esta complementariedad fuera claramente reconocida y tenida en cuenta por los que ocupan un cargo de responsabilidad en la esfera religiosa, sobre todo cuando tienen que tomar

---

escritos una densidad y una cualidad particulares. En España su pensamiento es poco conocido, pero Enomiya-Lassalle da muestras de estar familiarizado con él y de compartir plenamente su planteamiento. [Nota del Editor]

6. J. Gebser, *In der Bewährung* [En período de prueba], Berna, 1962, p. 65.

decisiones importantes. De no ser así, se puede causar un grave daño a los creyentes que buscan con sinceridad medios para profundizar en su vida de fe en este tiempo en gran parte arreligioso.

Tarde o temprano, las voces de quienes impiden la penetración de los modos orientales en la comunidad cristiana enmudecerán por sí mismas. Porque no se trata de una moda sino de algo más: del profundo cambio que se está dando en el pensamiento humano. Tales personas, en lugar de impedir la meditación oriental, tendrían que ubicarse en esta perspectiva y procurar que sea practicada en el tiempo y la forma oportunos.

Todavía quisiera mencionar otro punto: no es ningún misterio que las órdenes religiosas cristianas se hallan en crisis. Esta crisis, manifestada en una gran falta de vocaciones que va acompañada por una gran cantidad de abandonos, no se debe a una atrofia general de la fe religiosa. Hace tiempo que se ha visto la urgencia de adaptarse a los nuevos tiempos. Desde el Concilio se plantea muy seriamente esta cuestión en todas las órdenes y congregaciones. No se trata únicamente de la meditación, sino de otras cuestiones igualmente importantes. Sin embargo, en este proceso evolutivo, el tema de la oración y de la meditación ha adquirido una relevancia singular. Creo firmemente que si no se hallan unas formas de meditación que digan algo al hombre de hoy, todas las demás reformas no servirán de nada. Pues, como todos concederán, la oración es vital para la vida de una comunidad religiosa. Este asunto es el más urgente y se podría resolver con relativa facilidad, mientras que otras cuestiones necesitarán mucho tiempo hasta hallar una solución satisfactoria. Una vez solventado el problema de la oración y la meditación, el ser humano recibe la fuerza para resistir hasta que las demás cuestiones se solucionen. Prueba de ello son las órdenes contemplativas, las cuales, en la mayoría de los países, tienen todavía muchas vocaciones y encuentran en la oración la energía para sostenerse, contando con que los candidatos tengan verdaderamente vocación para este género de vida. Aún así, tampoco marcha bien todo en estas órdenes de acuerdo con los tiempos que corren. También en ellas habría que volver a examinar muchas cosas, lo cual es bien sabido por los representantes de la vida contemplativa. Por la misma razón, la solución de la cuestión de la meditación es urgente en las órdenes activas. Los tiempos dedicados a la oración son muy cortos y a menudo los miembros de estas órdenes están agobiados de trabajo, en parte debido a la falta de vocaciones, de modo que con frecuencia no les es posible ni siquiera la meditación intencional a pesar de la mejor voluntad. En cambio, la meditación profunda, una vez aprendida, es un descanso para el cuerpo y el espíritu.

IV

IMPORTANCIA DE LA MEDITACIÓN ORIENTAL
PARA EL «HOMBRE NUEVO»

Hasta aquí he tenido particularmente presente al individuo y he hablado sobre todo de la meditación zen. Sin
embargo, mi tema abarca mucho más. Hay que atender
no solo al ser humano como individuo, sino también a
la humanidad entera; y tampoco nos hemos de limitar
al método zen; deben incluirse también otros modos
orientales de meditación. De no ser así se podría dar la
impresión de que pienso sobre todo en Japón, donde el
zen es predominante. Pero esta restricción no está en mi
ánimo. Más bien, si quisiera elegir como centro o punto
de partida uno de los países de Asia oriental, no podría
ser otro que la India, la patria del budismo, del que ha
surgido el zen. Esto es válido a pesar de que el budismo
en la India ya no tiene hoy la importancia de sus primeros siglos de existencia y que el zen allí apenas se conoce.

I. ANTE UNA ETAPA NUEVA DE LA HUMANIDAD

Considero que la meditación es importante no solo para
un creciente número de personas, sino para la humanidad entera. Sin duda nos hallamos en un punto crucial

de nuestra historia, tan grave como no ha habido antes ninguno. Algunos llegan a decir que lo que hoy está sucediendo en la humanidad no es menos trascendental que la primera aparición del hombre, o sea, el paso de animal a ser humano. El hecho de que la razón se impusiera como fuerza dominante, que en Occidente coincide con Platón, fue sin duda enorme y trascendental, pero la época de la razón ha sobrepasado su cenit, como hemos dicho. Ya no se puede prescindir del hecho de que el espíritu humano es capaz de un desarrollo que antes apenas se había sospechado. Solo algunas personas extraordinarias adelantadas a su tiempo fueron capaces de adivinarlo. Nombraré únicamente a Teilhard de Chardin[1] en Occidente y a Sri Aurobindo[2] en Oriente. Ahora no es cuestión de entrar en detalle acerca de cómo lo percibieron el uno y el otro, u otros, porque también pensadores menos conocidos, como Lecomte du

1. Pierre Teilhard de Chardin (1881-1955) fue un jesuita, paleontólogo y visionario que hizo un giro muy importante en el pensamiento cristiano respecto a la teoría de la evolución y al destino del ser humano en el cosmos. Sus escritos fueron prohibidos hasta el Concilio Vaticano II, pero, una vez levantada la prohibición, sus libros fueron leídos con avidez y masivamente por muchos cristianos y también por no cristianos. [Nota del Editor]

2. Sri Aurobindo (1872-1950) fue un maestro de yoga, poeta y filósofo indio que, tras unos años en Inglaterra, se implicó inicialmente en la independencia de su país. Tras una experiencia mística en la prisión, se retiró al sur de la India y a lo largo de cuarenta años hizo una relectura del yoga y de los textos sagrados del hinduismo con unas claves innovadoras en relación con la evolución de la materia y del universo muy semejantes al pensamiento de Teilhard de Chardin. [Nota del Editor]

Noüy,[3] merecerían ser citados. Los representantes que he mencionado están de acuerdo en que esa evolución tiene que empezar y que empezará. Este hecho es lo más relevante para la suerte del género humano. Según Teilhard, esta posibilidad y esta necesidad están desde siempre en la naturaleza humana. Sri Aurobindo piensa que el «super-espíritu», como él llama a esto nuevo, no se basa en el hombre mismo, sino que tiene que dársele desde «arriba», y que ya ha empezado a venir sobre la humanidad. Ambos opinan que el nuevo desarrollo del espíritu abarcará asimismo a la materia, es decir, al cuerpo humano, y que el hombre sería inmortal al final de este proceso. Nos encontramos ante una nueva interpretación de la escatología, del «nuevo cielo y la nueva tierra», por usar la terminología bíblica. Algunos pueden considerar que tales perspectivas son desvaríos y que la humanidad desaparecerá para siempre. Otros desesperan por completo de la humanidad o creen que la razón, pese a todo, podría traer una edad de oro. Su fe en la omnipotencia de la razón sigue inconmovible. Aquí no podemos hacer un balance de las diferentes posibilidades de solución. Es cierto que la razón puede y debe seguir acompañándonos y que quizá, o más aún, con seguridad, dará mayores resultados que hasta ahora en el terreno de la ciencia, la técnica, etc.

3.   Pierre Lecomte du Noüy (1883-1947) fue un biofísico, matemático y escritor francés. [Nota del Editor]

2. Debate sobre el liderazgo espiritual de Oriente

Por otra parte, el ser humano ha caído en la mayor miseria precisamente por los logros de la razón. Todo el mundo está psíquicamente enfermo y la enfermedad avanza a pasos agigantados. Esto vale al menos para el mundo occidental. En Oriente, podemos decir que la mitad de la población ha tomado de Occidente la ciencia y la técnica y difícilmente escapará de lo que ahora nos está sucediendo mayoritariamente a nosotros. En Asia, Japón está hoy entre los primeros en sufrir las insoslayables consecuencias del tecnicismo de la vida, como, por ejemplo, la contaminación atmosférica a causa de la industria. La India, de la que han surgido en gran parte las culturas espirituales del Este —o que, al menos, las influenció poderosamente—, se halla muy por detrás de los países occidentales en lo referente a la ciencia y la técnica modernas. Muchos piensan que ha perdido también su anterior grandeza en el terreno espiritual y, sobre todo, en el religioso y que tiene los días contados para que acabe siendo absorbida por la cultura material, la cual llegará a ese subcontinente junto con la industrialización.

Otros piensan, por el contrario, que la India está llamada a ser el «gurú del mundo» en el nuevo desarrollo de la humanidad que ya ha comenzado. Allá todavía existen fuerzas espirituales de trasfondo religioso, aunque también se duda de ello ante tanta miseria y tanta necesidad desatendidas. Pero no cabe duda de que la India, en especial en ciertos focos espirituales, ejerce una atracción irresistible sobre el hombre occidental. Quien haya estado alguna vez, aunque no haya sido más que unos días, en Tiruvannamalai en el *ashram* de Ramana Maharshi sabe lo que esto significa. En Occidente apenas existen lugares así. No es exagerado afirmar que la India tiene algo que dar a Occidente y que lo necesitamos urgentemente. Si se pregunta qué es, hay que contestar: el elemento meditativo y contemplativo. Más que en cualquier otro país del planeta, en la India la contemplación y las experiencias místicas han estado desde siempre en su ambiente. Las teorías de una humanidad más plena concuerdan con que llegarán a ser realidad en el futuro, aunque quizás se alcanzará después de miles o millones de años.

3. ¿Es posible acelerar el cambio espiritual
   DE LA HUMANIDAD?

Por otro lado, deberíamos preguntarnos si es posible la aceleración de este futuro de la humanidad mediante unas prácticas y un estilo de vida adecuados. En el *ashram* de Sri Aurobindo, situado en Pondichery, que también es muy visitado por occidentales, se practica el *yoga integral*, buscando de manera totalmente consciente un nuevo género de vida que haga posible la realización de la nueva humanidad. Dice Sri Aurobindo:

> Si el desenvolvimiento espiritual en la tierra es la verdad oculta de nuestro nacimiento en la Materia, si es funda-

mentalmente una evolución de la conciencia que tuvo lugar en la Naturaleza, entonces el hombre tal como es no puede resultar el término último de esta evolución: es expresión demasiado imperfecta del espíritu, la mente misma es una forma e instrumentación demasiado limitada; la mente es solo el término medio de la conciencia, el ser mental solo puede constituir un ser de transición. Si, entonces, el hombre es incapaz de superar la mentalidad, debe ser sobrepasado y la supermente y el superhombre deben manifestarse y tomar el comando de la creación. Pero si la mente es capaz de abrirse hacia lo que la supera, entonces no hay razón de por qué el hombre no ha de arribar a la supermente y a la super-humanidad o al menos no ha de prestar su mentalidad, vida y cuerpo para una evolución del término mayor del Espíritu manifestándose en la Naturaleza.[4]

El mismo Sri Aurobindo creía que ya hoy era posible que el ser humano se hiciera inmortal. Naturalmente, se puede tener otra opinión. En cualquier caso, esta idea se ha de considerar en el contexto total del pensamiento de Aurobindo. Es sabido que también Teilhard de Chardin, en su visión del futuro, opina que el ser humano será eterno al final de su desarrollo. No podemos detenernos aquí a examinar las razones de este modo de pensar. Lo que importa es hallar el punto de arranque para alcanzar la meta de una humanidad plena. Ya lo

4.   Sri Aurobindo, *La vida divina*, vol. III: *El conocimiento y la evolución espiritual*, Buenos Aires, Kier, ²1980, pp. 213-214.

consideremos desde el punto de vista puramente natural o desde una fe religiosa que reconoce a Dios como creador; de ningún modo estamos condenados a vivir desdichadamente y acabar sucumbiendo a las contradicciones de nuestra existencia. Tiene que haber un camino por el que los seres humanos podamos llegar a ser felices. Deberíamos conservar este optimismo. A mi modo de ver, el punto de partida consiste en que hallemos nuestro yo más profundo. Solo así podremos sortear a la larga los peligros que nos acechan desde fuera. No es casualidad que muchos estén buscando ya una solución en esta dirección. Se debe a que el ser humano se encuentra con el Absoluto en lo más profundo de sí. Dicho en términos cristianos por Hans Urs von Balthasar:

> La inefable relación del hombre con la Palabra de Dios —con la dicha y admiración inagotables de todos los orantes— comporta siempre de consuno dos cosas: la vuelta al yo más íntimo y la salida del yo al Tú altísimo. Dios no es el Tú como si fuera respecto a mí otro yo extraño. Está en el yo, pero también sobre el yo; por estar sobre el yo como Yo absoluto, está en el yo humano como su más honda raíz y fundamento, «más íntimo a mí que yo mismo».[5]

Alois Haas, siguiendo a Enrique de Suso, dice: «Para el místico, la condición para que la unión con Dios sea posible es y sigue siendo el descubrimiento del propio

---

5.   H. Urs von Balthasar, *La oración contemplativa*, Madrid, Encuentro, ³2007, p. 16.

yo».[6] Poco antes, el mismo autor cita a Jean Paul: «Una mañana estaba yo, todavía muy niño, en la puerta de casa [...], entonces se vio mi yo por primera vez y para siempre, me vi a mí mismo».

Los modos orientales de meditación tienden a la experiencia intuitiva del yo definitivo. Ramana Maharshi exhortaba continuamente a sus discípulos a preguntarse: ¿Quién soy yo? La iluminación del zen significa la intuición del yo más profundo. En este sentido, las experiencias orientales coinciden con las de los místicos cristianos. Con todo, el efecto concreto no es igual en cada mística y en cada individuo. El místico cristiano —lo mismo que el místico sufí— sobrepasa el yo, pero sin extinguirlo porque considera que es el vehículo para llegar a Dios en el que encuentra su descanso. El budista, en cambio, concibe lo Absoluto no de modo personal sino apersonal. Por ello no permanece anclado en el yo, sino que su experiencia es tal que el yo desaparece en lo Absoluto. Henri Le Saux[7] dice sobre esta experiencia:

---

6.   A. Haas, *Nim din selbes war. Studien zur Lehre der Selbsterkenntnis bei Meister Eckhart, Johannes Tauler und Heinrich Seuse* [Mírate a ti mismo. Enseñanzas sobre el autoconocimiento en Maestro Eckhart, Juan Taulero y Enrique de Suso], Friburgo, 1972, p. 206.
7.   Henri Le Saux (1910-1973) fue un monje benedictino francés que llegó a la India en 1948 en busca de la vida contemplativa y se convirtió en uno de los pioneros del diálogo entre hindúes y cristianos. Adoptó el nombre de Swami Abhishiktananda. Junto con Jules Monchanin fundaron el *ashram* indio-cristiano de Santivanam, pero él sintió la llamada más radical del renunciante *(sannyasa)* y llegó a las experiencias y formulaciones más radicales del *advaita* cristiano. [Nota del Editor]

En la medida en que el hombre penetra en sí, lo hace también en Dios, y en la medida en que se adentra en Dios llega también a sí mismo. Si quiere encontrar a Dios verdaderamente, tiene que descender hasta aquella profundidad de sí mismo donde únicamente es imagen de Dios, donde en su fuente original solo se halla Dios. Antes de ello, el ser humano llega a Dios solo en la medida en que su pensamiento o su conciencia lo reflejan. No hay duda de que su amor sobrepasa su conocimiento, de modo que la llama de su amor va directamente al corazón de Dios. Pero hay profundidades del amor que únicamente son posibles aclarando los últimos repliegues del ser.[8]

4. La necesidad de la mística

En definitiva, se trata de que el *hombre nuevo* debe y puede ser místico. Su conocimiento no será únicamente intelectual, sino que, al mismo tiempo, será *místico*. Pero esto implica que se quiten todos los obstáculos que se oponen a tal experiencia mediante la purificación que está presente en toda mística, tanto de Oriente como de Occidente. Desde hace mucho tiempo se discute en el campo cristiano - no así en las religiones superiores de Asia oriental— si todas las personas están llamadas

8.   H. Le Saux, *Sagesse Hindoue, Mystique Chrétienne*, París, Éd. du Centurion, 1965, publicada en inglés como: *Saccidanda* (Delhi, 1974). El autor utiliza la versión alemana: *Indische Weisheit. Christliche Mystik*, Lucerna, 1968, p. 120.

a la mística. Hay que volver a plantearse la pregunta con vistas al *hombre nuevo*. La respuesta no es la misma para el pasado que para el futuro. Parece como si lo que antes constituía el privilegio de unos pocos, en el tiempo que viene está destinado a todos los que intenten seria y sinceramente adentrarse en la vida espiritual. Es notable la frecuencia de experiencias místicas en los últimos decenios. Además, antaño era inusitado que las tuvieran quienes no vivían en conventos o monasterios, es decir, los laicos. Mientras que la mística en el pasado se limitaba al ámbito de lo sagrado, actualmente está cruzando los límites y está alcanzando el terreno profano. Este cambio de situación ha llegado tan lejos que incluso se ha invertido, en el sentido de que la meditación que antes estaba preceptuada en la regla de la vida religiosa, en algunas partes se ha dejado libre o incluso se ha suprimido como obligación, mientras que en muchas partes del mundo profano se habla de la meditación y se practica con gran convicción.

Ante esta situación podemos deducir que la meditación no solo está teniendo una importancia decisiva en los individuos, sino también para la humanidad en su conjunto. ¿No deberíamos esforzarnos más por comprender lo que está sucediendo actualmente en el planeta? Si bien es cierto que estamos agobiados, y debemos estarlo, con cuestiones apremiantes tales como la guerra y la crueldad, el hambre y la miseria de millones de personas, nos falta una mirada más amplia y a más largo plazo. Mientras que no hagamos más que tapar agujeros para ayudar en alguna parte o evitar por algún tiempo cosas peores, no conseguiremos salir del conflicto. Hay que renovar por dentro las fuerzas del ser humano y despertar otras nuevas que están latentes hasta que el *hombre nuevo* surja de las ruinas del mundo viejo; personas que sean capaces de construir un mundo digno de ellas donde alcanzar la felicidad. Se habla mucho de un mundo mejor que se querría edificar. ¿No habría que trabajar aún más por un mundo más feliz, en el que haya verdadera alegría, y buscar caminos que hagan más dichosos a los seres humanos a pesar de la opresión que nos rodea?

No deberíamos tener ningún reparo en aceptar la ayuda que nos llega de Oriente a través de sus métodos de meditación. No hay que aceptarlos porque Oriente nos fascine, sino porque los occidentales estamos espiritualmente debilitados a pesar de nuestros logros. Una transfusión espiritual de Oriente nos favorecería. No se trata en absoluto de sustituir el cristianismo por otra religión, sino de reforzar, lisa y llanamente, nuestro cristianismo. Hemos logrado crear una nueva liturgia, pero la renovación religiosa que se esperaba apenas es perceptible. El *terreno espiritual* no está suficientemente preparado. Por eso a muchos no les dice nada ni siquiera la más bella de las liturgias. Hay otros cambios deseables y que con el tiempo llegarán, pero son menos urgentes que preparar el alma por medio de la meditación para que puedan suceder. La serenidad que se consigue por la meditación oriental tiene gran importancia para el cristiano. Carl Albrecht ha dicho:

Los místicos —cuyo conocimiento hay que tomar muy en serio— dicen que el presente es el *lugar* en que la eternidad toca el tiempo. Cuando el alma ha *abandonado* todo lo que existe en el tiempo y, vacía de todo, se halla en la quietud total, entonces el tiempo se detiene y se transforma en eternidad.

V

UNA NUEVA DIMENSIÓN
EN EL ÁMBITO RELIGIOSO

En ocasiones se habla del santo *moderno* en contraposición a los modelos antiguos de santidad. Se acentúa el hecho de que se tendrá que acomodar a las situaciones nuevas del mundo y cómo debería hacerlo. Lo mismo hay que decir de cualquier cristiano que tome en serio su religión. La separación entre la Iglesia y el mundo tal y como se ha desarrollado por la secularización no se puede mantener. El cristiano no debe seguir considerando al mundo como *lo-de-fuera*, sino como *lo-de-dentro*, donde él mismo se halla. Ampliando la perspectiva, significa que los límites entre lo sagrado y lo profano están desapareciendo progresivamente. Esto vale tanto para el cristianismo como para las otras religiones, si es que quieren seguir existiendo en un mundo secularizado.

1. LOS CAMBIOS NECESARIOS

Sería un grave error pensar que eso se consigue con una adaptación meramente exterior. La interior es mucho más importante, pero también más difícil.[1] Como todo el mundo sabe, el proceso de adaptación externo está en pleno desarrollo en la Iglesia católica. Esto vale sobre todo respecto a las órdenes religiosas, que se hallan sin excepción en una crisis profunda, lo cual se manifiesta en la falta de vocaciones y en el gran número de abandonos.

Muchas órdenes, incluso las contemplativas, han suprimido, por ejemplo, totalmente o en gran parte, las prácticas de penitencia que estaban mandadas por la regla. En algunos casos, ni siquiera se ve con buenos ojos que algunos de sus miembros mantengan tales costumbres por propia iniciativa. Se han tomado medidas en otros asuntos externos, aunque de momento solo a modo de prueba. No es posible analizar la gran complejidad del tema. Aquí tan solo quisiera plantear, sirviéndome de un ejemplo, cómo hemos de situarnos ante el *hombre nuevo* que está emergiendo.

Cuando una casa está tan deteriorada que ya no se puede reparar, lo mejor es derribarla y edificar otra nueva. Las personas prudentes se siguen sirviendo de la casa vieja; tal vez hagan las reparaciones más imprescindibles, pero no piensan en abandonarla, mientras que otros se concentran totalmente en la nueva edificación, hasta que la acaban y pueden habitarla. Hoy nos encontramos en una situación en la que todos, de algún modo, nos damos cuenta de que no podemos seguir así indefinidamente ni por más tiempo. Tiene

1.   Cf. K. Rahner, «Frömmigkeit heute und morgen» [La piedad hoy y mañana], en *Geist und Leben* 39 (1966), pp. 326-342.

que desaparecer lo viejo y advenir lo nuevo. Está emergiendo una nueva época tan radicalmente distinta de la anterior que no sirve de nada reparar lo viejo. Si no actuamos en consecuencia, nos exponemos al peligro de quedar sepultados un día bajo las ruinas de la vieja casa. Deberíamos ser conscientes de ello. Algunos no quieren aceptarlo porque tienen miedo. Otros quieren derruir la vieja casa sin saber dónde y cómo edificar la nueva. Vivimos en un tiempo de transición y tenemos que proceder con cuidado, pues los auténticos valores de la vieja casa deberían integrarse en la nueva. Tal vez el ser humano del futuro apenas se acordará de lo que antes existió. Difícilmente podrá comprender cómo pudo estar satisfecho con una manera tan primitiva de pensar, de cuyos logros hoy estamos tan orgullosos.

2. SABER HACIA DÓNDE NOS ENCAMINAMOS

Para este tiempo de transición hay que tener en cuenta algo de gran importancia: hay que saber, de algún modo, hacia dónde se va, aunque la meta definitiva esté aún lejos o parezca estarlo. Quisiera hablar un poco de esto.

Jean Gebser, un autor que ha tratado con profundidad en sus escritos el «nuevo pensamiento», habla de la *cuarta dimensión*.[2] Dice que el nuevo concepto del mundo no se puede comprender como el que ha existido hasta ahora de modo racional y tridimensional y,

2. J. Gebser, *Origen y presente*, Girona, Atalanta, 2011, pp. 486-514.

por tanto, en perspectiva, sino arracionalmente y con cuatro dimensiones. Solo agregando la *cuarta dimensión* se puede apreciar el todo. Esta dimensión está fuera del tiempo y del espacio, está libre de ambos y, por ello, ya no puede comprenderse en perspectiva. El desarrollo del pensamiento humano pasó de lo irracional a lo racional y continuará hacia lo *arracional* en la época que ahora estamos iniciando. Lo irracional no era *aún* comprensible; lo racional lo es; lo *arracional ya no* lo es.

Tal vez a algunas personas estos pensamientos les provoquen miedo. Pero, como dice Jean Gebser,[3] tienen una sólida base científica y hay que contar con su realización. De hecho, significan una liberación. Con el pensamiento tetradimensional se anula el dualismo racional, como ha ocurrido ya, en parte, en la ciencia. Einstein ha superado el dualismo energía-materia; Schrödinger superó el de los corpúsculos y ondas como manifestaciones de la materia mediante la nueva mecánica ondulatoria; otro dualismo, el de cuerpo y alma, ha sido superado por la investigación psicosomática, y el dualismo filosófico de esencia y existencia se manifiesta insostenible. La evolución tiende indudablemente a la superación del dualismo. Estos ejemplos nos muestran en qué medida el mundo ya no es para nosotros solo un «enfrente» comprensible en categorías de espacio, al que podamos fijar como en perspectiva. Ya no estamos ligados al espacio del mismo modo ni, por tanto, fijados en perspectiva como lo estaban los tiempos anteriores;

3.   J. Gebser, *Origen y presente, op. cit.*

94

nos hemos desentendido y liberado de la perspectiva por la que pudimos representarnos el «enfrente» espacial.

¿Qué efecto tiene todo esto en el ámbito religioso? ¿Cuál ha sido hasta ahora el ideal de la santidad cristiana? De entrada, comportaba una fe inconmovible en la verdad revelada tal y como se contiene en la Sagrada Escritura. Esta fe había que conservarla a cualquier precio y confesarla hasta exponer la propia vida. Implicaba además una vida intachable por la fiel observancia de los mandamientos tal como los entendía su conciencia. Por ello la Iglesia siempre ha exigido, en primer lugar, el heroísmo de la virtud como condición para canonizar a un cristiano. Quien reuniera estas condiciones siempre y en todas partes, era tenido por santo. Por el contrario, jamás se exigió el haber tenido experiencias místicas; aunque, en verdad, muchos y quizás la mayoría de los santos hayan tenido tales experiencias, las cuales, a veces, iban acompañadas de capacidades milagrosas. Si a eso se añade que todo ello tenía que reflejarse en la relación con el prójimo, en especial en el amor hasta el heroísmo, tenemos en pocas palabras la imagen del santo cristiano. Con ciertas variantes, esta imagen es válida igualmente para otras religiones.

3. La santidad del futuro

Ante la cuestión de cómo ha de ser el santo cristiano en el futuro, no podemos contentarnos con la respuesta simple de que esta figura tiene que desaparecer. La cuestión es qué rasgos ha de tener en la nueva visión del mundo y en relación con las vastas posibilidades del nuevo pensamiento. Es importante considerar que las grandes religiones de Asia oriental exigieron desde siempre —y todavía exigen— una cosa más: la experiencia mística, tal y como allí se la entiende, es decir, la «autorrealización», la «iluminación», el grado supremo del *samadhi,* o como quiera llamárselo. En una palabra, el santo tiene que ser también un «sabio» o «iluminado». Esto es lo más importante para las religiones orientales. Esto no implica comparación alguna en el orden de los valores. Se trata de otra cosa que está relacionada con el desarrollo del ser humano. Hemos de preguntarnos si la perfección de la santidad consiste en realizar a toda costa, frente a todo tipo de obstáculos internos y externos, lo que la fe y la conciencia exigen en la vida práctica. Parece que seguimos pensando que se trata de eso, pero me pregunto si no consiste en algo más que se manifestará cuando se produzca el gran cambio que he mencionado.

Esto es precisamente lo que hay que cuestionar. Mientras el ser humano siga obrando forzado interior o exteriormente por una ley o una prescripción, no tiene la libertad constitutiva que le corresponde. El valor de la libertad inalienable está presente en la idea bíblica del Génesis, según la cual el ser humano era bueno y disponía de una libertad absoluta sin coacciones, así como también está en la idea tradicional de su perfección tras la muerte, tras la cual el ser humano goza de esa libertad ya sin hacer un mal uso de ella. El ser humano del tiempo escatológico será como Cristo, que no conoció tentación alguna desde el interior, sino que era uno con el Padre. Dicho de otra manera, en la imagen del santo del pasado y del presente falta un elemento específico del ser humano: la desaparición de toda coacción.

Queda todavía un último paso que considero trascendental: hacernos consciente de nuestra relación esencial con el Ser Absoluto. Es evidente que esto no basta por sí mismo, sino que tiene que traducirse en una transformación progresiva que integre todos los elementos de nuestra vida hasta convertirse en algo connatural. En términos cristianos, equivale a la unión mística con Dios y a actuar en todo momento desde esta realidad, de modo que de verdad pueda decir con Pablo: «Ya no vivo yo, sino que es Cristo quien vive en mí» (Gál 2,20). Entonces será posible un nuevo pensar que se puede llamar *místico* y que es mucho más fiable que el pensamiento objetivo. El dualismo se supera definitivamente cuando la unión se ha hecho consciente y se refleja en la actitud de cada momento. Cuando esto llega a hacerse permanente y pasa a formar parte de la propia naturaleza, entonces es cuando el ser humano ha alcanzado la verdadera santidad.

Teóricamente puede distinguirse entre el sabio y el santo. En Oriente, es sabio quien ha alcanzado la gran iluminación, característica que opera el cambio del ser humano. Esto significa que este es perfecto de verdad, también éticamente, en cuanto tal cosa es posible en esta vida. Porque puede ocurrir que un hombre sea un sabio o un iluminado en el sentido dicho y que, sin embargo, se quede muy por detrás de un santo, tal y como lo hemos descrito al hablar del santo cristiano del pasado. Puede que haya que estimar a este último, como hombre, más que a un sabio, que corre el peligro de fallar moralmente si no llega hasta la transformación ética.

No obstante, en el futuro también el santo debería llegar a la iluminación, es decir, a la unión mística en terminología cristiana. Esta característica nos parece mucho más importante en la cuestión del santo del futuro que las diferencias que se derivan más o menos necesariamente de las circunstancias temporales y de las situaciones cambiantes de la vida. Pero todavía falta algo. El santo debería también desempeñar el papel de ser para sus semejantes un ejemplo y un guía. Mas eso puede serlo únicamente si él mismo tiene las experiencias a las que debe llevar a su prójimo. Y lo dicho será, sobre todo en el tiempo nuevo que comienza a alborear, una tarea especialmente importante.

Con esto llegamos de nuevo a la meditación, que es el medio principal para alcanzar esta meta. También la meditación objetiva puede ser útil, pero solo como preparación para la meditación propiamente dicha, que es no intencional y no tiene objeto. Como hemos dicho, llega un momento en que aquella incluso puede llegar a ser un obstáculo. Sobre este asunto observa justamente Karlfried Graf Dürckheim:[4]

4.   Karlfried Graf Dürckheim (1896-1988) fue un aristócrata alemán, psicoterapeuta y maestro zen. Conoció la tradición oriental desde su juventud. Obtuvo un doctorado en psicología, se convirtió en miembro del Partido Nazi y en 1938 fue enviado como diplomático a Japón, donde residió hasta 1947. Después de la Segunda

Con frecuencia, el escepticismo o la negativa cristiana respecto de las prácticas que niegan al yo se debe a la preocupación de que puedan acabar negando a Dios. Por eso su lema es: ¡No apartarse ni un momento de Dios o de Cristo! ¡Permanecer claramente en este «enfrente»! Pero con ello se ha favorecido algo que pone en peligro la realización completa de la persona: se priva al ejercitante de la posibilidad de sumergirse confiadamente en el fondo supraobjetivo, el único lugar donde puede desaparecer el yo con su anquilosada imagen de Dios, el único lugar donde el meollo de la persona propiamente dicho puede salir a flote, la única manera de que el ser humano perciba aquella llamada de Dios que es mucho más que la réplica a su mundo y de su yo temeroso y anhelante.[5]

A alguno podrá parecerle que la meta esbozada en las últimas páginas está demasiado lejos de nuestro alcance. Aun concediendo que esta perspectiva del futuro sea acertada, pensará que su realización será posible solo

Guerra Mundial fue encarcelado y fue en la prisión japonesa donde se produjo su transformación espiritual. Al regresar a Alemania se convirtió en uno de los principales defensores de la tradición espiritual occidental, sintetizando la enseñanzas de la mística cristiana, la psicología profunda y el budismo zen. Con Enomiya-Lassalle se tenían en una gran estima. En español se dispone de una parte importante de su obra. [Nota del Editor]

5. K. Dürckheim, *Überweltliches Leben in der Welt* [Vida sobrenatural en el mundo], Weilheim, 1972, p. 102. Cf. Asimismo J. B. Lotz, *La meditación en la vida diaria*, Buenos Aires, Guadalupe, 1966.

después de miles e incluso millones de años y dirá: «¿De qué nos sirve a nosotros?». Si no vemos esta meta ni nos esforzamos por aproximarnos a ella, no conseguiremos nada de cara a nuestra necesidad actual. Solo unos pocos —los cuales, por lo demás, están viendo cambios significativos en ellos mismos— se regocijan con estos sueños. Lo reconfortante es que tenemos la posibilidad de atraer esta meta hacia nosotros. Jean Gebser dice al final del capítulo sobre la cuarta dimensión:

> Nos espera una serie de tareas. Una grata serie de quehaceres en todos los terrenos plena de sentido. Se abren posibilidades que hace cincuenta años nadie se hubiera atrevido ni siquiera a soñar. Solo la verdadera vida, el verdadero sentir, el verdadero pensar pueden superar el nihilismo y al antropocentrismo; solo ellos son la garantía de que un nuevo concepto del mundo se realiza, con lo que se supera la aparente falta de sentido del acontecer presente.[6]

Más importante y más estimulante es la idea de que cada uno puede contribuir a acortar el camino que lleva a la realización de esta meta. En el zen se diría: dondequiera que un hombre alcanza la iluminación, allí se ilumina el universo. En términos cristianos equivale a decir que donde un ser humano llega a la unión mística, allí se da un acontecimiento capital que acorta el camino

---

6. J. Gebser, *In der Bewährung* [En período de prueba], Berna, 1962, p. 66.

de todos los demás. Con mayor razón vale lo dicho para todo grupo que se esfuerce en llegar a esta meta y ayude a otros a alcanzarla. Cualquier comunidad contemplativa, cualquier *ashram* y cualquier casa de ejercicios que cumpla con su cometido en este sentido es como una central eléctrica que suministra luz y fuerza a los demás seres humanos. Con la nueva época se nos están dando posibilidades como nunca las hemos tenido en el pasado. Si las aprovechamos, surgirá necesariamente una conciencia mundial irresistible a la larga y, al fin, se integrará la parte de la humanidad que aún sigue oponiéndose, y se solucionarán muchos problemas que hoy todavía parecen insolubles. Depende de nosotros que se acerque la meta lejana quizás mucho más y con mayor rapidez que lo que podemos sospechar. Lo que tenemos que hacer es verlo claro y aprovechar los medios que actualmente ya tenemos a nuestro alcance.